AN 336286

# Zu Gast an fremden Feuern

Das KARL-MAY-Kochbuch
von
Horst Scharfenberg

KARL-MAY-VERLAG · BAMBERG

**Inhalt:**

Rezepte aus dem Indianerland
Zu Gast
an Lagerfeuern, in Wigwams und Pueblos ............ 11

Rezepte aus dem Reiche der Kalifen
Zu Gast
bei Türken, Kurden, Beduinen ...................... 85

Rezepte aus dem fernen Orient
Zu Gast
auf Südsee-Inseln und im ›Reich der Mitte‹ ........... 161

Alphabetisches Register ......................... 206

Karl May: Gesammelte Werke ..................... 208

Farbtafeln zwischen den Seiten 48/49, 96/97, 176/177


© 1975 by Karl-May-Verlag, Bamberg. Printed in Germany

Alle Rechte vorbehalten, auch die des auszugsweisen Nachdrucks
und der fotomechanischen oder audiovisuellen Wiedergabe.
Umschlaggestaltung: Paul Djuritschek
Zeichnungen: Alfred Menzel
Fotos: Werner Hackbarth
Redaktion: Theo Reubel-Ciani
Fotosatz und Druck: St. Otto-Verlag, Bamberg
Bindearbeiten: Großbuchbinderei Ludwig Fleischmann, Fulda
ISBN 3-7802-3000-3

# Miuschyame, ma!
## Kommt herbei, das Essen ist fertig!

Wer würde solcher Aufforderung nicht gern Folge leisten, gleichgültig, ob sie im Dialekt der Yuma-Indianer ergeht oder in irgendeiner anderen Sprache?
Zum Essen kam und kommt jeder gern, Essen und Trinken hält Leib und Seele zusammen, und weil der Mensch solange er ißt und trinkt sich in der Regel friedlich verhält, ist ein gutes Mahl nach alter Erfahrung die beste Gelegenheit zu freundlich-fröhlicher Geselligkeit.
Das wußte auch Karl May. Auch er speiste gern und gut, nicht üppig, und er führte ein jederzeit gastfreundliches Haus. Ein uns erhalten gebliebenes ›Kostbuch‹, von ihm sorgfältig für viele Wochen angelegt, beweist es:
In gestochener Schrift bestimmte er die gewünschten Speisen, fügte entweder selber genaue Anweisungen für das Was und Wie hinzu oder sprach mit seiner Frau darüber, die diese Hinweise ebenso sorgfältig vermerkte (s. Faksimile auf den Seiten 7 und 9). Es sind meist gar nicht aufwendige Gerichte, sondern echte Hausmannskost, gesund und gediegen, die die sächsische Herkunft Karl Mays nicht verleugnen können.
Selbstverständlich sorgte Karl May mit Sachkunde auch dafür, daß Old Shatterhand und Winnetou, Kara Ben Nemsi und Hadschi Halef Omar und all die anderen unsterblichen Gestalten seiner Erzählungen bei ihren Abenteuern nie zu zu hungern oder gar zu verhungern brauchten. Daß dabei das Essen oft selbst zum Abenteuer geriet, wen mag's verwundern?
Essen als Abenteuer – warum eigentlich nicht? Abenteuer, das bedeutet ja in erster Linie Unerwartetes, Überraschendes, Außergewöhnliches. Und kann es Schöneres geben, als erwartungsfrohe Gäste mit ungewöhnlichen Gerichten zu überraschen? Mit Gerichten, die sich nicht nur durch Wohlgeschmack auszeichnen, sondern uns überdies den Zauber fremder Welten, den Hauch des Abenteuers spüren lassen:

stampfende Hufe über die weite Prärie, den Ruf des Muezzin vom Minarett, das Rauschen der Palmen im Südseewind, das geheimnisvolle Tom-tom der Urwaldtrommeln?
Schon lange hat uns der Gedanke an so richtige ›Abenteuer-Rezepte‹ fasziniert. An Rezepte also, die dem Hang zum Abenteuer (wer hätte ihn nicht?) entgegenkommen, die schon vor und erst recht beim und nach dem Essen die Phantasie beflügeln zum Nach- und Miterleben einer bunt schillernden Welt ferner Menschen und Länder.
Was lag da näher als ein ›Abenteuer-Kochbuch‹? Eines, das uns die Ferne greifbar nahe rückt, uns Gast sein läßt an fremden Feuern, das in uns Träume weckt von Bären- und von Büffeljagd, von kühnen Ritten über Wüstensand, von der endlosen Weite der Sieben Meere. Kurz: Ein ›Karl-May-Kochbuch‹!
Mit ›Abenteuer-Rezepten‹ für alle Gelegenheiten: für fröhliche Partys, für Grill-Abende, Gartenfeste, für gemütliche Stunden im engsten Kreis und für festliche Gelegenheiten.
Für den Herrenabend, an dem der Hausherr selbst den Bratspieß überwacht, und für den Damenkranz, den orientalische Süßigkeiten entzücken.
Für Omas Seniorentreffen, bei dem sie mit Leckerbissen glänzen kann, wie sie selbst weitgereisten Freundinnen bislang entgangen sind.
Für die Party von Sohn und Tochter, die die alt eingefahrenen Geleise sowieso verachten, und, ganz wichtig:
Für die Geburtstagsfeier mit kleinen Gästen, die dann gleich Winnetou oder Kara Ben Nemsi spielen können.
Aber eine ›Rezeptsammlung‹ allein, und sollte sie noch so sorgsam zusammengestellt sein, vermag diesen Vorstellungen bestimmt nicht zu genügen. Außerdem gibt es Western-, orientalische und andere fremdländische Rezepte schon zur Genüge (wobei es viele davon nur dem Namen nach sind). Rezepte im Karl-May-Kochbuch jedoch müssen mehr sein als nur Gebrauchsanleitungen zur Herstellung ungewöhnlicher Speisen und Getränke. Sie müssen die Faszination, den Zauber des ›Abenteuers‹ beinhalten, wirkungsvoll den Rahmen für die Party, für die Einladung mitgestalten. Beileibe nicht tierisch ernst, sondern bunt, fröhlich, mit viel Humor. So, wie auch Karl May so manches Abenteuer in den ›dark and bloody grounds‹ des Wilden Westens, in den Schluchten des Balkan oder in chinesischen Hafenkneipen mit humorvollen Szenen und Dialogen würzte.

*Sogenannte ›Kostbücher‹ oder auch ›Wochenzettel‹ wurden um die Jahrhundertwende und auch noch lange danach fast in jedem Haushalt geführt. Die Seite aus Karl Mays Kostbuch gibt seine Wünsche für die Woche vom 5. bis 12. Februar (vermutlich 1906) wieder: Leber oder Rindsroulade mit Kartoffelbrei; Reis mit Huhn; Petersilienwurzel mit Möhren oder Semmel; Karpfen mit Rotkraut, Wirsingkohl mit Fleisch, z. B. Koteletts; Milchhirse, Sirup, Butterbohnen; Kalbsbraten.*

Und: Jedes Rezept muß ›stimmen‹, das heißt, ohne besondere Aufwendungen machbar sein, also auch nur Zutaten erfordern, die überall leicht zu beschaffen sind. Überdies müssen alle Rezepte den europäischen Geschmack berücksichtigen, dort etwas weniger Knoblauch, da weniger Pfeffer.

Mit anderen Worten, das Karl-May-Kochbuch erforderte einen Spitzenfachmann auf dem Gebiet ungewöhnlicher Gerichte, einen fröhlichen zudem, dem Geselligkeit, Abenteuer und ebenso Karl May nicht fremd sind. Die Gewähr für all diese Eigenschaften bietet Horst Scharfenberg.

Millionen konnten seine Kochkünste im Fernsehen verfolgen, Millionen ist er als Verfasser vieler erfolgreicher Kochbücher bekannt, vor allem gerade für ›Spezialitäten‹, und seine oft mehr als abenteuerlichen Reisen in fast alle Länder der Welt ließen ihn jedes Mal neue ›kulinarische Entdeckungen‹ machen, sei es zum Beispiel im Kaiserpalast von Teheran oder in der Küche des amerikanischen Präsidenten, in Nomadenzelten, Indio-Hütten oder bei den Massai. Zuvor schon war er jahrelang zur See gefahren und hatte in die Töpfe und Pfannen zahlloser Smutjes zwischen Hamburg und Haiti, zwischen Nordkap und Antarktis geguckt. Als Grandmaître des CC-Clubs kochender Männer genießt er ebenso internationales Ansehen wie als exzellenter Weinkenner.

Monatelang las er sich, Jugenderinnerungen auffrischend, erneut durch Karl Mays Gesammelte Werke, und jedes Mal, wenn darin vom Essen die Rede war, entstand, im Kreis der Familie und nicht minder begeisterter Freunde sofort ausprobiert, das dazugehörige Rezept, zu dem dann noch der nicht weniger wichtige ›Einstimmungstext‹ kam.

In diesen Texten sind in Klammern, beispielsweise (GW 1), die Bände aus Karl Mays Gesammelten Werken genannt, in denen Sie das ganze Abenteuer nachlesen können. Ein Verzeichnis sämtlicher Titel finden Sie am Schluß des Buches.

Alle Rezepte sind, wenn nicht ausdrücklich anders vermerkt, für vier Personen bestimmt.

Viele davon werden Sie rasch als wirkliche Bereicherung des Küchenzettels zu schätzen lernen, weil sie ungewöhnliche und daher um so überraschendere Alternativen für die verschiedenartigsten Gelegenheiten bieten, von der gemütlichen Grillparty bis zum ›großen Bankett‹.

Zu guter Letzt noch einige Worte zur Einteilung des Buches: Die ›Rezepte aus dem Indianerland‹ umfassen den Raum von

*Soweit es Karl May nicht selbst tat, notierte seine Frau Klara auf einer Seite des Kostbuchs auch Sonderwünsche und genaue Anweisungen. Zum Beispiel: Für den Apfelkuchen ganz grobe Stifte von Äpfeln schneiden; kein warmes Backobst!; nie Heringskartoffeln; Möhren und Petersilienwurzel rund schneiden, nie lang; geriebene Semmel als Ersatz für Mehl zum Anmachen der Gemüse. Datum: 12. 6. 06*

der kanadischen Grenze bis zu den Kordilleren Südamerikas und beschränken sich keineswegs nur auf typisch indianische Gerichte. Leider ist ja die originale indianische Küche, da auch die Indianer inzwischen den Gang zum Supermarkt dem mühseligen Beerenlesen im Wald vorziehen, so gut wie ausgestorben. Ganz im Gegensatz zur nah- und fernöstlichen.
Die ›Rezepte aus dem Reiche der Kalifen‹ finden heute noch genauso Anwendung wie schon in biblischer Zeit. Sie haben Römer, Kreuzzüge, den Zerfall des Osmanenreiches und den Ölboom in der Wüste überdauert. Nur: Auch viele Muselmanen sind inzwischen kalorienbewußter geworden. Fette und Öle kommen vielerorts in geringeren Mengen als früher zur Anwendung.
Mindestens ebenso traditionsreich sind die ›Rezepte aus dem fernen Orient‹. Wenn auch China- und Ostasien-Restaurants bei uns wie die Pilze aus dem Boden geschossen sind, so können sie nur selten den ganzen Reichtum fernöstlicher Küche unverfälscht vermitteln. Auf jeden Fall sind die meisten ostasiatischen Gerichte sehr leicht, gesund und, besonders die chinesischen, sehr schnell zuzubereiten.
Wenn Sie sie Ihren Gästen servieren, brauchen Sie nur noch im unbekümmerten ›Chinesisch‹ des wackeren Seebären und Ostasienfahrers Kapitän Turnerstick, einer der köstlichsten Gestalten Karl Mays, zu wünschen: »Gutang Appetiting!«

Bamberg, August 1975 Karl-May-Verlag

# Rezepte
# aus dem Indianerland

## Zu Gast
## an Lagerfeuern, in Wigwams und Pueblos

Alle Rezepte sind, wenn nicht anders
vermerkt, für 4 Personen bestimmt.

# Kraftsuppe aus dem Pueblo

Old Shatterhand hatte bei den Kiowas mit dem Messer siegreich um das Leben gefangener Apatschenkrieger gekämpft, wurde dann aber während eines Überfalls der Apatschen, die ihre gefangenen Krieger befreien wollten, als Feind betrachtet.
Um sein Leben zu retten, mußte er den Angriff Intschu tschunas und Winnetous abwehren und wurde dabei durch einen Messerstich in den Mund und durch die Zunge schwer verwundet. Zusammen mit den Westmännern Sam Hawkens, Dick Stone und Will Parker kam er als Gefangener in den Pueblo der Apatschen. Drei Wochen lag er dort bewußtlos. Als er endlich wieder zu sich kam, war er so schwach, daß er sich nicht vom Lager erheben konnte. Mühsam gelang es ihm durch Zeichen auszudrücken, daß er essen und trinken wollte. Da brachte ihm Winnetous Schwester Nscho-tschi in einer tönernen Schüssel kräftige Fleischbrühe mit Maismehl. Am nächsten Tag schon ging es ihm besser, und er bekam »nicht weniger als sechsmal zu essen, immer dicke Fleischbrühe mit Maismehl. Das war ebenso nahrhaft wie leicht verdaulich«. (GW 7)
Da diese Suppe nicht nur für Verwundete mit Mundverletzungen gedacht ist, hier ein Rezept, dem auch Fleisch und Kräuter hinzugefügt werden können.
Doch bevor es ans Essen geht, einige Tips für eine möglichst ›echte‹ Indianer-Party:
Begrüßen Sie jeden Gast durch Heben des rechten Armes und mit dem Ruf »Hau Kola!« (das heißt ›Freund!‹). Besonders liebe Gäste dürfen auch kurz umarmt werden.
Gesessen (und gegessen) wird im Kreis um das Feuer auf Bisonfellen. Für uns genügen Decken oder Kissen.
Wichtig: Vor dem Essen werfen Sie etwas von der Speise ins Feuer mit den Worten ›Ho-pi-mi-schi wa-pa-schih!‹. So beschwören Sie einen guten Verlauf der Mahlzeit.
Daß Frauen während des Essens außerhalb des Kreises zu sitzen (und zu schweigen!) haben, ist zwar indianisch, aber, solche ›Originaltreue‹ dürfte sich bei uns kaum empfehlen.

# Mais-Suppe ›Nscho-tschi‹

**Das brauchen Sie:**

6 Schalotten oder 3 kleine Zwiebeln, 2 EL Butter, 4 dünne Scheiben entbeintes Kasseler, 2 gehäufte EL Maismehl, gut ¾ l Fleischbrühe (eventuell aus Würfeln), 2 mittelgroße Kartoffeln, Salz, weißen Pfeffer, 1 Tasse gehackte Kresse.

**Das müssen Sie tun:**

Schalotten kleinschneiden und in einem Topf mit dickem Boden in Butter hellblond werden lassen. Das in kleine Streifchen geschnittene Fleisch zugeben. Maismehl darüber streuen und so lange ständig mit den anderen Zutaten verrühren, bis sich eine Art Brei und zarter Kuchenduft bilden. Unter weiterem Rühren mit der heißen Fleischbrühe ablöschen. Kartoffeln schälen, in Stiftchen schneiden, zugeben, vorsichtig mit Salz und Pfeffer (aus der Mühle) abschmecken. Unter gelegentlichem Umrühren auf schwachem Feuer 2 Stunden lang zugedeckt köcheln lassen. Wenige Minuten vor dem Anrichten die Kresse zufügen.

**Das sollten Sie beachten:**

Diese Suppe kann man auch mit etwa ½ l Fleischbrühe und 1 Tasse Milch oder süßer Sahne zubereiten. Dann nennt man sie Chowder (Tschauder gesprochen).
Wer den Geschmack des Maismehls nicht schätzt, der nehme nur die Hälfte der angegebenen Menge und dicke dann die Suppe mit Stärkemehl (Maisstärke), welches vor dem Zufügen in etwas Flüssigkeit angerührt wird.
Sehr vorteilhaft ist es auch, wenn man in diese Suppe eine kleine Dose ganzer Maiskörner gibt.

**Dazu gibt es:**

Brot. Frischer grüner Salat danach schmeckt sehr gut.
Mit ganzen Maiskörnern und vielleicht einer etwas größeren Menge Fleisch wird diese Mais-Suppe, die man durch Tabasco-Sauce etwas schärfer machen kann, zu einer hervorragenden Mitternachts-Suppe.

# Die Spezialität des Büchsenmachers

Als Old Shatterhand nach vielen Abenteuern mit Winnetou endlich nach St. Louis zurückkehrte, gab es dort ein freudiges Wiedersehen mit seinem väterlichen Freund, dem Büchsenmacher Henry, aber auch Ärger: Old Shatterhand wollte für ein halbes Jahr nach Afrika, und Mr. Henry hielt das für eine ausgemachte Eselei.
Doch rasch vertrugen sich die Freunde wieder. Old Shatterhand bekam sogar den ersten ›Henrystutzen‹, und zur Feier der Versöhnung schlug der Büchsenmacher vor: »Well, werde eine Biersuppe auf der Kaffeemaschine machen, Euer Leibessen des Abends.« (GW 8).
Eine altdeutsche Biersuppe in Nordamerika? Das ist gar nicht verwunderlich. Viele Einwanderer aus allen deutschen Landen haben ihre Rezepte mit in die Neue Welt gebracht. So ist zum Beispiel ›Sauerbraten‹ ein amerikanisches Wort geworden.
Mit dieser Biersuppe findet vielleicht ein lang vergessenes Rezept auf dem Umweg über Karl May und den Mississippi wieder in manche deutsche Küche.
Natürlich brauchen Sie nicht unbedingt die Kaffeemaschine dazu in Betrieb zu nehmen. Es sei denn, Sie führen so eine Junggesellenwirtschaft wie der Büchsenmacher Henry.

# Biersuppe ›Henry‹

**Das brauchen Sie:**

150 g entrindetes Weißbrot, 125 g Rosinen, 1 EL Zucker, 1 EL Stärkemehl, 1 l Bier, ca. ½ TL Zimt, 1 Messerspitze Muskatblüte, 1 kleine Prise Salz, 1–2 Eigelb.

**Das müssen Sie tun:**

Weißbrot in Stückchen teilen und zusammen mit den Rosinen in so viel Wasser tun, daß beide gerade bedeckt sind, etwa 15 Minuten kochen. Danach das Brot kräftig mit einer Gabel verrühren.
Zucker und Stärkemehl in etwas kaltem Wasser verquirlen, in das Rosinen-Weißbrot-Wasser geben und aufkochen.
Das Bier zugießen, umrühren und langsam erhitzen. Abschmecken mit Zimt und Muskatblüte.
In einer Suppenterrine Eigelb mit einer Prise Salz cremig schlagen, die heiße Suppe zugießen und dabei kräftig mit dem Schneebesen schlagen.

**Das sollten Sie beachten:**

Ob helles oder dunkles Bier besser für Suppe ist, darüber streiten sich die Gelehrten. Für Weißbrot würde ich helles Bier nehmen. Bei der Verwendung von dunklerem Brot, was auch sehr gut möglich ist, sollte man auch dunkles Bier zugießen. Muskatblüte gibt zwar einen besonderen geschmacklichen Pfiff, kann jedoch auch weggelassen werden.

**Dazu gibt es:**

Würfel von geröstetem Brot, die man auf die Suppe streut. Das Brot dafür sollte immer von derselben Sorte wie das mit den Rosinen verkochte sein. Natürlich kann man dieses Brot im Toaster rösten. Besser schmeckt es jedoch, wenn man das in der Pfanne und mit etwas Butter macht.

# Don Carlos ›Feuertaufe‹

»Wir waren über den Rio Colorado gegangen, hatten das Gebiet der Pahutas glücklich hinter uns und dachten, nun bald die östlichen Ausläufer des Nevada-Gebirges zu erreichen.« So berichtet Old Shatterhand von dem Ritt mit Winnetou, Sans-ear, Bernhard Marshal und dem Neger Bob in das Goldland Californien. Nachdem sie tagelang nur von getrocknetem Fleisch gelebt hatten, landeten sie schließlich als geehrte Gäste am Abendbrottisch eines Rancheros.
Es wurde ein sehr festliches Mahl, denn, so vermerkt Old Shatterhand ausdrücklich, die Damen »hatten Gesicht und Hände gewaschen; die Füße staken in Strümpfen und Schuhen«. Allerdings war die Speisenfolge sehr, sehr mexikanisch, also viel Chili, viele scharfe Gewürze. Das liest sich dann so: »Mir war der Mund so gepfeffert, der Schlund so gezwiebelt und der Magen so geknoblaucht, daß ich hätte improvisieren mögen: ... Als hätt' ich die Hölle hintergeschluckt mit Millionen von Teufeln.«
Immerhin: Für seine bei Tisch bewiesene Tapferkeit wurde der Gast dann von der Dame des Hauses, Donna Eulalia, ›Senor Carlos‹ tituliert und avancierte sogar noch zum ›Don Carlos‹. (GW 9)
Eines der im Rancho gebotenen Gerichte sollten Sie einmal probieren. Ich habe es entschärft. Sie brauchen also keineswegs den Mut Old Shatterhands, um es zu genießen.

# Donna Eulalias Reistopf

**Das brauchen Sie:**

1 grüne Paprikaschote, 1 große Zwiebel, 2–3 EL Schweineschmalz, 4 kleine Rindersteaks (insgesamt ca. 400 g), 5 enthäutete Tomaten, 1 EL edelsüßes Paprikapulver, 1 TL Worcestershiresauce, 1 Prise Zucker, 3 Tassen gekochten Reis, 1 Prise Cayennepfeffer, Salz, schwarzen Pfeffer aus der Mühle, 2 EL kleingeschnittene Petersilie.

**Das müssen Sie tun:**

Paprikaschote entkernen und in Streifchen schneiden. Zwiebel klein würfeln. Beides zusammen im Schmalz in einem großen flachen Topf so lange anbraten, bis die Zwiebelwürfel glasig sind. Die in Streifen oder Würfel geschnittenen Steaks zugeben und kräftig anbraten. Tomaten in Streifen schneiden, zugeben. Paprikapulver überstreuen. Alles miteinander verrühren. Weitere 2–3 Minuten auf dem Feuer lassen, dabei häufig umrühren. Worcestershiresauce, Zucker, gekochten Reis und Cayennepfeffer zugeben. Gut durchmischen. Abschmecken mit Salz und Pfeffer aus der Mühle. Im Backofen bei etwa 180 Grad noch 20 bis 30 Minuten garen.
Mit Petersilie bestreuen und im Topf servieren.

**Das sollten Sie beachten:**

Am besten feuerfestes Geschirr verwenden.
Das Steakfleisch braucht nicht von der teuersten Qualität zu sein; es wird durch das Nachgaren auf jeden Fall weich. Wer Donna Eulalia genau nachahmen will, der nehme statt Cayennepfeffer kleine scharfe Chilischoten und koche sie mit.
Damit die Oberfläche nicht zu sehr austrocknet, kann man das Gericht während des Nachgarens im Backofen ein- bis zweimal umwenden. Vielleicht gegen Schluß einige Butterflöckchen aufsetzen.

**Dazu gibt es:**

Höchstens eine Scheibe Weißbrot und vielleicht grünen Salat oder Gurkensalat.

## Abends im Blockhaus

Überfall im ›Felsenschloß‹ Old Firehands durch die Ponka-Indianer! Rettung durch Dragoner in letzter Minute. Aber: Old Firehand schwer, Winnetou und Old Shatterhand leichter verwundet.
In der Nähe des Flusses leben einige weiße Ansiedler. Zu einem von ihnen reiten Winnetou und Old Shatterhand. Aus den Fenstern strecken sich ihnen jedoch Gewehrläufe entgegen, sie werden für Gesindel gehalten. Als sie aber ihre Waffen, die Silberbüchse sowie den Henrystutzen und den Bärentöter vorzeigen, erkennt man sie und läßt sie sofort und gerne ein.
Das Innere des Hauses, das sich der alte Corner für Frau und drei Söhne gebaut hatte, bestand nur aus einem einzigen Raum. Doch es gab darin einen richtigen Herd, »das notwendigste Geschirr stand dabei auf einem Brette«, und den beiden Ankömmlingen wurde »ein Abendessen aufgetragen, welches, die Verhältnisse berücksichtigt, nichts zu wünschen übrigließ«. (GW 8)
Die Siedler im Wilden Westen mußten hart arbeiten und lebten nicht im Überfluß. Sie aßen einfach und kräftig. Weil der alte Corner am Turkey-River, am Truthahnfluß, gesiedelt hatte, konnte er seinen Gästen sicher ein Turkey-Ragout vorsetzen, ein Essen, das schmeckt und auch von Ihnen schnell zubereitet werden kann.

# Corners Truthahn-Ragout

**Das brauchen Sie:**

1 mittelgroße Zwiebel, 2 EL Butter, ¼ l dicke weiße Sauce (vorgefertigtes Produkt), 3–4 Tassen kaltes Truthahnfleisch, 4 EL süße Sahne, Selleriesalz, Salz und weißen Pfeffer aus der Mühle, einige gehackte Kräuter (Petersilie, Krauseminze oder Zwiebelröhrchen).

**Das müssen Sie tun:**

Zwiebel kleinschneiden und in einem großen Topf mit möglichst dickem Boden in der Butter hellblond werden lassen.
Weiße Sauce nach Vorschrift auf der Packung anrühren und zugeben. Mit Zwiebeln verrühren.
Das kalte, in große Würfel geschnittene Truthahnfleisch untermischen. Sahne zugeben und verrühren.
Mit Selleriesalz, Salz und Pfeffer abschmecken. Unter gelegentlichem Rühren knapp 10 Minuten auf schwacher Hitze köcheln lassen.
Beim Anrichten mit den gehackten Kräutern bestreuen.

**Das sollten Sie beachten:**

Grundsätzlich kann man jede Sorte Truthahnfleisch verwenden, wobei die Haut jedoch entfernt werden muß. Am besten schmeckt das weiße Brustfleisch.
Die weiße Sauce aus Beutel oder Schachtel war der Farmersfrau am Turkey-River natürlich unbekannt; sie mußte die Sauce aus Fett und Mehl und Milch kochen.
Beim Würzen muß man vorsichtig sein: Die weiße Sauce ist ja als Halbfertigprodukt bereits gewürzt.

**Dazu gibt es:**

Brot oder Kartoffeln. Auch Karottengemüse schmeckt zu diesem Ragout. Das wäre echt nach Siedlerart. Wer weniger Wert auf ein echtes Rezept legt, der sollte Reis dazu reichen. Wilden Reis, der ganz hervorragend schmeckt, gab es zu dieser Zeit wohl in Nordamerika, aber mit Sicherheit nicht bei den Farmern am Turkey River.

## Truthahn aus Kansas

Das von unserem Standpunkt aus amerikanischste Geflügel, der Truthahn, spielt auf Old Shatterhands abenteuerlichen Ritten eine nicht zu übersehende Rolle. So auch, als er mit einigen Gefährten und Winnetou wieder einmal unterwegs war. Dabei gerieten sie in Kansas in die Gewalt Old Wabbles und seiner Tramps. Aus diesem ›König der Cowboys‹, dem Weg- und Kampfgenossen Old Shatterhands aus früheren Tagen, war ein Todfeind geworden.
Kein Wunder also, daß für die Gefangenen nichts abfiel, als die Tramps nach einer erfolgreichen Truthahnjagd ans Braten gingen. Nun, auch dieses Abenteuer endete gut. Die Gefangenen wurden befreit und: Es waren noch zwei Truthähne übrig! (GW 15)
Viele Indianer allerdings aßen niemals Truthahnfleisch. Sie fürchteten, dadurch feige zu werden und dann vor ihren Feinden so davonzurennen wie Truthähne vor ihren Verfolgern. Westmänner hingegen haben die großen Vögel gern und oft gebraten. Sie taten es jedoch unter Verzicht auf jegliche Füllung.
Ich gebe Ihnen ein verfeinertes Rezept, das vermutlich auch am Lagerfeuer in Kansas Anerkennung gefunden hätte.

# Truthahnbraten nach Westernart

**Das brauchen Sie:**

Füllung – 100 g Butter, 8 EL feingehackte Zwiebel, 400 g grobe Bratwurstfülle (rohes Brät), Putenleber, 4 Scheiben entrindetes Toastbrot, 4 Scheiben entrindetes Graubrot, Salz, Pfeffer, Thymian, 2 EL gehackte Petersilie, 4 EL Sherry, 1/2 Tasse süße Sahne. Truthahn – einen Zuchtputer von etwa 5 kg, Salz, Pfeffer, 125 g Butter, 1 große Zwiebel.

**Das müssen Sie tun:**

Zur Füllung die Butter in einer Pfanne zergehen lassen, Zwiebel anschwitzen, Brät dazu und mit dem Löffelrücken zerdrücken, anbraten. Während der letzten Minuten die kleingewürfelte Leber mit anbraten. Das in Wasser eingeweichte und sehr gut ausgedrückte Brot sowie Gewürze, Sherry und Sahne damit verkneten.
Gewaschenen und abgetrockneten Puter innen mit Salz ausstreuen. Füllung locker hineinstopfen, Öffnungen zunähen. Haut des Puters mit zerlassener Butter einpinseln, salzen und mit Pfeffer bestreuen. Bei 180 Grad im vorgeheizten Backofen etwa 2 bis 2 1/2 Stunden garen; dabei alle 15 Minuten mit Butter einreiben, in die Fettwanne eine Zwiebel in Scheiben legen. Nachdem das Fett abgegossen ist, kann man den Bratsatz mit Würfelbrühe loskochen. Unter Zusatz von Sahne, Stärkemehl und etwas Sherry wird daraus eine Sauce.

**Das sollten Sie beachten:**

Will man dieses große Geflügel über offenem Feuer zubereiten, sollte man es am besten in Aluminiumfolie etwa 2 Stunden im Backofen vorgaren, damit es dann nur noch heiß wird und eine Kruste bekommt. Andernfalls wickle man den Vogel in Alu-Folie, drehe ihn gut zwei Stunden über dem Feuer und lasse ihn dann ohne Folie Farbe nehmen.

**Dazu gibt es:**

Salat und vielleicht noch Maiskörner.

## Schlemmermahl beim Stadtbesuch

Wenn der Westmann alle Jubeljahre einmal in die Zivilisation der großen Städte an der Ostküste der Vereinigten Staaten tauchte, dann ließ er sich gern ihre Gaumengenüsse schmecken. Zum Beispiel während eines improvisierten Festes bei ›Mutter Dodd‹ in Hoboken, einer Stadt in New Jersey, am Hudson gegenüber von New York City gelegen. Eine reichlich buntgemischte Gesellschaft war dort zusammengekommen: Seeleute, Westmänner und der Apatschenhäuptling Winnetou, der »den ihm ungewohnten Speisen der Bleichgesichter mit höchster Mäßigkeit zusprach. Den Wein rührte er gar nicht an«.
Der Steuermann eines Kriegsschiffes wußte dafür das Schlemmermahl um so nachdrücklicher zu rühmen: »In dieser armseligen Prärie gab es nichts als Fleisch, Pulver und Rothäute. Auf der See ging es auch knapp her, da wir zu viel hungrige Mägen geladen hatten; bei dir aber, Mutter Dodd, ißt und trinkt es sich wie beim großen Mogul oder wie der Kerl heißen mag, und wenn ich nur eine Woche hier vor Anker liege, so lasse ich mich hängen, wenn ich nicht einen Schmerbauch habe, wie da dieser fette Master Hammerdull.« (GW 19)
Die wenigsten unserer Leser werden unbekümmert genug sein, so zu antworten, wie es damals der wohlbeleibte Westmann Hammerdull tat: »Ob fett oder nicht, das bleibt sich gleich, wenn man nur einen guten Bissen zwischen die Zähne bekommt.«
Darum will ich Ihnen das Rezept eines typisch amerikanischen Gerichts verraten, das ich vor vielen Jahren einmal in Hoboken kennenlernte. Damals waren in Deutschland noch Nachkriegshungerzeiten, ich habe also ähnlich reingehauen wie seinerzeit die Westmänner. Jedoch auch später und bei steigendem Kalorienbewußtsein genoß ich dieses Gericht immer wieder gern. Es ist schnell gemacht und so köstlich, daß man es selbst dem verwöhntesten Gast vorsetzen kann.
Mutter Dodds Gasthaus ist in Hoboken leider nicht mehr zu finden. Schade.

# Mutter Dodds Hühnertopf

**Das brauchen Sie:**

750 g Hühnerschlegel, Salz, weißen Pfeffer, Rosenpaprika, 4 EL Butter, 125 g Champignons, 1 EL Mehl, 1 Tasse Hühnerbrühe (Würfelbrühe), 3 EL trockenen Sherry, 1 Dose Artischockenherzen, 4 große Kartoffeln, 2 EL saure Sahne, 1 EL Magerquark, 1 EL gehackten Schnittlauch.

**Das müssen Sie tun:**

Hühnerschlegel mit Salz, Pfeffer und Paprika einreiben und in 2 EL Butter in einem feuerfesten Geschirr auf allen Seiten kräftig anbräunen. In einer Pfanne die geputzten und vielleicht etwas kleingeschnittenen Pilze im Rest der Butter dünsten. Mit Mehl bestäuben, einige Minuten weiter dünsten, dann Brühe und Sherry zugießen und so lange rühren, bis die Sauce dickt.
Artischockenherzen zwischen die Hühnerschenkel legen. Champignons mit Sauce darübergießen. Zudecken und im vorgeheizten Ofen bei 200 Grad etwa 40 Minuten garen.

**Das sollten Sie beachten:**

Es können auch andere Teile von Hühnerfleisch verwendet werden. Besonders gut ist es, wenn man die Knochen daraus entfernt.
Zu der Hühnerbrühe kann man auch den Bratsatz loskochen und ihn dann noch mit Instant-Brühe verstärken.

**Dazu gibt es:**

Die unter den Zutaten genannten Kartoffeln, die kreuzweise eingeschnitten, in Aluminiumfolie gepackt und 20 Minuten vor dem Hühnertopf in den Backofen gelegt werden. Zum Essen schneidet man sie oben auf, drückt sie auseinander und gibt etwas von der mit Quark und Schnittlauch verrührten Sahne darauf.

# Wild-Eintopf der Präriejäger

Auf der Jagd nach Sanders, dem Mörder des Apatschenhäuptlings Intschu tschuna, schloß sich Old Shatterhand drei Westmännern an, von denen er wußte, daß sie zu Sanders Bande gehörten, während sie ihn für einen unbedeutenden Trapper hielten.
Am Grabmal Intschu tschunas schlugen sie ihr Lager auf und warteten auf Sanders. Clay und Summer, zwei der Spießgesellen, gingen auf die Jagd, schossen aber zunächst nur »ein armes Häschen, an dem sich vier Personen sättigen sollten«. (GW 9)
Für den gewaltigen Fleischappetit von Westmännern war das herzlich wenig. Kalorienbewußte Mitteleuropäer hingegen können sich zu fünft oder sechst an einem einzigen Hasen sattessen, besonders, wenn er nach dem nebenstehenden Rezept zubereitet ist.
Natürlich mußten sich Old Shatterhand und seine drei Begleiter damals mit weniger Zutaten zufriedengeben. Wasser, Kräuter, Beeren und Nüsse oder Eicheln hatten sie sicher, vielleicht auch etwas Speck aus ihren Satteltaschen und einen Rest Whisky. Ich habe nun diesem Rezept noch Rotwein hinzugefügt und die von Indianern und Westmännern viel benutzten Eicheln durch die schmackhafteren Eßkastanien (Maronen) ersetzt.

# Hase nach Trapperart

**Das brauchen Sie:**

1 Hasen, 4 EL Öl, 2 Gläschen Whisky, Salz, Pfeffer aus der Mühle, 1 EL Mehl, 150 g fetten Räucherspeck, 6 Wacholderbeeren, 1 kleine Prise Thymian, ¼ l Rotwein, 1 Dose Kastanien (200 g), 4 EL Rosinen, 4 EL Whisky.

**Das müssen Sie tun:**

Hasen in ca. 12 Stücke zerteilen, dabei entbeinen. Öl mit Whisky verrühren und mit den gesalzenen und gepfefferten Fleischstücken vermischen. Einige Stunden stehenlassen. Mehl im Fett der ausgelassenen Speckwürfelchen unter ständigem Rühren hellbraun werden lassen. Fleisch und Marinade zugeben. Würzen mit zerdrückten Wacholderbeeren und Thymian. Rotwein zugießen und über gelinder Hitze etwa 1½ Stunden schmoren lassen. Eventuell etwas Wasser zugießen. Sobald das Fleisch weich ist, die Konserven-Kastanien sowie die in Whisky eingeweichten Rosinen zugeben. Alles vermischen und noch 5–10 Minuten im Topf lassen.

**Das sollten Sie beachten:**

Salz und Pfeffer etwas in die Fleischstücke massieren. Gut ist es, wenn man die Stücke dann eine ganze Nacht in der Marinade läßt. Wer viel Sauce will, kann mehr Wasser nehmen und zum Schluß noch einen Würfel Jäger- oder Rahmbratensauce einrühren.
Frische Kastanien schälen und vorkochen!

**Dazu gibt es:**

Weißbrot. Teigwaren, Knödel und Kartoffelpüree sind ebenfalls nicht übel.

# Was halten Sie von Hundebraten?

Wahrscheinlich so wenig wie Hobble-Frank, der, als Old Shatterhand zwei frisch erlegte Präriehunde in die Satteltaschen gesteckt hatte, äußerst skeptisch fragte: »Soll das etwa der Braten sein? Da danke ich ganz ergebenst. Solch Zeug verzehre ich nicht!« (GW 36)
Auf jenem denkwürdigen Ritt zu den Elk Mountains mußten Hobble-Frank sowie Jemmy und Davy mühsam von Old Shatterhand davon überzeugt werden, daß Präriehund wirklich sehr gut schmeckt. Leider werden Sie wohl kaum je Gelegenheit haben, einen Präriehund in die Pfanne zu hauen. Woher nehmen? Unsere mehr oder minder Promenadenmischungen wären nur ein schlechter Ersatz, und außerdem würden wir, zu Recht, wenig Verständnis dafür finden. Halten Sie sich also lieber an Zicklein oder Kaninchen!
Über beide Braten schwärmte Hobble-Frank in breitestem Sächsisch: »Ich sage Ihnen, wir Sachsen sind helle und verstehen uns off Genüsse wie keene andre europäische Nation. E Zickel in die Pfanne, 'ne kleene Zehe Knoblauch und e paar Stengel Majoran hinein und das recht braun und knusprig gebraten, das ist e wahres Götteressen ... Karnickel, das is och was Großartiges. Das Fleesch is zart wie Butter und zerläuft einem geradezu off der Zunge ... So e Karnickel, das nur die besten und feinsten Kräuterspitzen frißt, muß ja e herrliches Fleesch haben; das is doch klar!«
Nun, läuft Ihnen nicht schon das Wasser im Mund zusammen nach einem solchen Braten?!

# Prärie-Kaninchen

### Das brauchen Sie:

1 frisches oder tiefgefrorenes Kaninchen (oder einen Ziegenlamm-Braten von etwa 2 Pfund), Pfeffer, 1–2 Knoblauchzehen, Thymian, 3 EL Öl, 1 EL Mehl, Salz, 2 Tassen Würfelbrühe, 1 Lorbeerblatt, 1 Karotte, 15 kleine Zwiebelchen.

### Das müssen Sie tun:

Fleisch in 4–8 Stücke zerlegen, mit Pfeffer, zerdrückter Knoblauchzehe und Thymian kräftig einreiben und etwa 1 Stunde stehen lassen.
Öl in einem Schmortopf erhitzen. Fleisch darin von allen Seiten knusprig braten. Salzen, mit Mehl bestäuben, Würfelbrühe zugießen. Lorbeerblatt sowie geviertelte Karotte zugeben. Umrühren, bis sich das Mehl in der Sauce gelöst hat und sie etwas andickt.
Eine gute halbe Stunde im Backofen bei 200 Grad braten. Dabei das Fleisch mehrmals begießen. Dann die ganzen geschälten Zwiebeln zugeben, in der Sauce wenden und nochmals eine knappe halbe Stunde in den Ofen schieben.

### Das sollten Sie beachten:

Ziegenlamm ist noch besser als Kaninchen, allerdings auch schwerer zu bekommen. Man kann es auch im ganzen Stück braten.
Natürlich können Sie sich auch genauso an das Rezept von Hobble-Frank halten und Majoran nehmen. Ich ziehe als Gewürz Thymian oder auch Rosmarin vor.
Wenn Sie nur eine Tasse Würfelbrühe nehmen und dann noch eine Tasse Weißwein, schmeckt der Braten noch besser, ist aber nicht mehr so ganz ›präriegerecht‹.

### Dazu gibt es:

Kartoffeln, Reis, Teigwaren oder Brot.

# Old Zachs letzte Mahlzeit

Viele der Männer, die Old Shatterhands und Winnetous Wege kreuzten, verdienten sich ihren Lebensunterhalt durch die Jagd, indem sie dann die Felle verkauften. Das Wildbret war nur ein Nebenprodukt, verkaufen konnten sie es nicht, aber es war ihre Hauptnahrung. Heute braucht niemand selbst auf die Jagd zu gehen, das ganze Jahr über wird Wildbret in Spezialgeschäften angeboten.
Was halten Sie etwa von einer Hirschkeule am Spieß? Es sollte keine zu große sein, sie bräuchte zu lange, um über dem Feuer gar zu werden. Wer Hirschkeule so richtig nach Pelzjägerart zubereiten will, der darf sie nicht vorher einlegen. Fragt sich nur, ob sein Gaumen so robust ist wie der nordamerikanischer Trapper und Fallensteller. Die Hirschkeule bleibt auch eine stilechte Westmänner-Mahlzeit, wenn man sie vorher mariniert. Das sieht ja keiner der Gäste. Der Gaumengenuß ist dann aber größer, angenehmer. Einen Rat Old Firehands, der zusammen mit Old Zach eine Hirschkeule verzehrte, sollten Sie sich unbedingt merken: »Vergeßt auch nicht, das ›weiße Feuer‹ rot zu machen!«
›Rotes Feuer‹, so heißt es dann weiter in einer Fußnote, pflegt man jenes schwach glimmende Lagerfeuer zu nennen, das nach Art der Roten von kleinen trockenen Scheiten genährt wird. (GW 38)
Natürlich haben wir daheim in unserem Garten keine Überfälle zu erwarten, trotzdem sollte das Feuer klein, glühend und rauchlos gehalten werden. Wir wollen unser Fleisch ja nicht räuchern, sondern braten. Und außerdem gibt es auch noch die Umweltschutzgesetze. Bei großer Flamme und viel Rauch könnte ein besonders eifriger Gesetzeshüter mit gezücktem Strafzettelblock zum Angriff auf Ihren Geldbeutel vorgehen.
Am besten ist es, wenn Sie Holzkohle verwenden und diese richtig durchglühen lassen, ehe Sie das Fleisch darüber drehen.

# Hirschkeule nach Art der Pelzjäger

**Das brauchen Sie:** (für 8 Personen)

Beize: ¼ l Essig, ¼ l Wasser, ½ TL Korianderkörner, 1 haselnußgroßes Stück Ingwer, Schale ½ Zitrone, 3 Nelken, 1 Zwiebel in Scheiben geschnitten, 10 Pfefferkörner, 1 Prise Thymian, 2 Lorbeerblätter, ¾ l Rotwein.
Andere Zutaten: 1 Hirschkeule von ca. 3 kg, 250 g geräucherten Speck, 1 Tasse Öl, 2 Päckchen Rahmbratensauce, 1 EL grüne Pfefferkörner, 4 EL Sahne.

**Das müssen Sie tun:**

Alle Beizezutaten außer Rotwein zusammen aufkochen. 20 Minuten bei kleiner Hitze ziehen lassen, dann durch ein Sieb gießen und mit dem Rotwein vermischen.
Wildbret enthäuten. Speck in Streifchen schneiden und die Hirschkeule damit spicken. 2 Tage in die Marinade legen. Abtrocknen. Mit Öl einreiben und über glühender Holzkohle am Drehspieß braten. Erst mit Öl dann mit Marinade einpinseln. Rahmbratensauce nach Vorschrift mit halb Wasser, halb Marinade zubereiten. Grüne Pfefferkörner und Sahne zugeben. Zu der Hirschkeule servieren.

**Das sollten Sie beachten:**

Eine Garzeit kann nicht angegeben werden, da die Grillverhältnisse sehr unterschiedlich sein können. Es muß jedoch mit 1½ bis über 2 Stunden gerechnet werden. Auch ein Elektrogrill ist möglich.
Sehr viel schneller geht es, wenn man die Keule zunächst in eine gefettete Aluminiumfolie packt, eine gute Stunde bei 280 Grad im Herd vorgart und dann erst an den Spieß steckt.

**Dazu gibt es:**

Brot, Teigwaren, Klöße. Auch Pilze in der Folie sind sehr gut dazu.

# Fleisch vom Spieß

Auf die Frage, was Winnetou und Old Shatterhand wohl so auf ihren Streifzügen gegessen haben, wird die Antwort meist lauten: Bärentatze und Büffellende.
Bleiben wir vorerst bei der Büffellende. Zwar kann sich hierzulande niemand einen Büffel schießen. Und Metzgereien oder Wildbret-Handlungen haben Büffelfleisch auch nicht auf Lager. Aber Rinderlende, und die ist ein recht guter Ersatz. Obendrein ist die Lende eines jungen Mastrinds sicher zarter als die eines Büffelopas.
Dieser Ansicht war auch Sam Hawkens, der dem ›Greenhorn‹ Charly bei seiner ersten Büffeljagd eine Lektion über die verschiedenen Fleischqualitäten gab. Wenig später stellte dieses Greenhorn, das unter dem Namen Old Shatterhand rasch berühmt wurde, Überlegungen darüber an, wieso Westmänner so riesige Mengen Fleisch vertilgen konnten. Er führte es auf die einseitige Ernährung zurück: viel Eiweiß, kaum Kohlehydrate. (GW 7)
Die Fleischmengen, die in einem Westmännercamp verzehrt wurden, waren wirklich enorm. Drei Pfund galten als kleine Portion, acht Pfund keineswegs als anomal.
Ein anderer Grund für solche Fleischverzehr-Rekorde liegt sicher auch in der Art der Zubereitung. In einem Spießbratenlokal in Idar-Oberstein, bei meinem Freund August Görg in der Waldschenke ›Wäschertskaulen‹, habe auch ich schon erlebt, wie ›kalorienbewußte‹ Mitteleuropäer ohne Schwierigkeiten drei 500-g-Portionen Fleisch verspeisten, das auf offenem Feuer gebraten wurde.

# Westmänner-Lende

### Sie brauchen dazu:

1 Stück Rinderlende von mindestens 2 kg (ein schwereres Stück ist noch besser), möglichst aus dem dünneren Ende der Lende geschnitten, Salz und Pfeffer aus der Mühle oder 1 kleines Glas Whisky und einige scharfe Chilischoten oder einige Spritzer Tabasco-Sauce.

### Das müssen Sie tun:

Lendenbraten mit Pfeffer einreiben und das Gewürz kräftig ins Fleisch massieren. Besser noch schmeckt es, wenn man die Chilischoten eine Woche in Whisky einlegt und dann mit der Flüssigkeit den Braten eine Stunde vorher einreibt. Im Schnellverfahren kann man den Whisky mit Tabasco-Sauce verrühren und so schärfen und aromatisieren.
Holzkohlenfeuer durchglühen lassen, die Hand in 10 cm Abstand darüber halten und so oft wie möglich ›Mississippi‹ sagen. Wenn man es nur noch zweimal schafft, ehe man sich die Hand verbrennt, ist die Glut heiß genug.
Das Fleisch auf einen Ast aus frischem Holz stecken und mit Draht festbinden. Zwei Astgabeln so neben das Feuer stecken, daß man den Spieß mit Braten etwa 15 cm über der Glut drehen kann. Nach knapp 10 Minuten etwas Salz über den Braten streuen. Langsamer weiterdrehen. Nach weiteren 30 Minuten nochmals salzen. Die Lende braucht insgesamt 40 bis 50 Minuten, bis sie gar und innen zartrosa ist.

### Das sollten Sie beachten:

Fleisch vor dem Anschneiden mindestens 5 Minuten ruhen lassen, sonst läuft der Saft davon.

### Dazu gibt es:

Kräftiges Brot und Salat. Oder wir garen Kartoffeln in Aluminiumfolie am Rand des Feuers mit: als ›westlerischste‹ und zugleich wohlschmeckendste Beilage.

## Schälrippchen aus dem Gleistrupp-Camp

Bei der Erschließung Nordamerikas spielten die Eisenbahnbauer eine entscheidende Rolle. Überall, wo Bahnlinien vorangetrieben wurden, folgte die Zivilisation mit all ihren guten und üblen Begleiterscheinungen.
Auch Old Shatterhand traf häufig mit Bautrupps zusammen. So einmal im Echo-Cannon. Er kam zusammen mit Winnetou und dem Detektiv Fred Walker, um die Arbeiter vor einem Überfall der Indianer und ›Railtroublers‹, Eisenbahnräuber, zu warnen und ihnen in dem zu erwartenden Kampf beizustehen. (GW 8)
Der Chef des Camps war abwesend. Sein Stellvertreter, ein dürres Männchen namens Ohlers und von Beruf Zahlmeister, war kein Held, aber ein um so besserer Koch. Während das Camp in Verteidigungszustand versetzt wurde, zauberte er ein Abendessen, das Old Shatterhand zu der Feststellung veranlaßte: »Master Ohlers schien wirklich mit dem Küchenlöffel bewanderter zu sein, als mit der Vogelflinte.«
Eisenbahnarbeiter aßen, verglichen mit Siedlern und Westmännern, ausgesprochen gut, da sie mit den Bauzügen regelmäßig Zutaten der verschiedensten Art erhalten konnten. Außerdem mußten die Bahngesellschaften alles versuchen, um sie bei ihrer harten und gefährlichen Arbeit wenigstens durch gutes Essen bei Laune zu halten.
Spareribs (gesprochen: spär ribs) sind bis heute eine amerikanische Spezialität geblieben. Wir nennen diese Rippenstücke vom Schwein meistens Schälrippchen. Sie bestehen aus den Stielen der Koteletts, die von einigen Millimetern Fleisch zusammengehalten werden. Man kann sie frisch oder auch leicht gepökelt kaufen.

# Master Ohlers' Spareribs

**Sie brauchen dazu:**

1,5 kg frische Schälrippchen, 1 EL Schweineschmalz, 1 EL Salz, 1 kräftige Prise Pfeffer aus der Mühle, ⅓ TL gemahlenen Ingwer, 1 EL Zucker, 1 Tasse Weinessig, 3–4 EL Sojasauce, 2 EL kleingeschnittene Zwiebel, 1–2 EL Orangenschale in hauchdünnen Stiftchen, 1 Tasse Würfelbrühe.

**Das müssen Sie tun:**

Die Schälrippchen so teilen, daß etwa 20 bis 25 cm lange, zusammenhängende Stücke entstehen. Diese im heißen Fett in einer großen Pfanne oder im Bräter so lange scharf anbraten, bis sie auf beiden Seiten braun sind.
Inzwischen Salz, Pfeffer, Ingwer, Zucker, Weinessig und Sojasauce miteinander verrühren und bis zum Siedepunkt erhitzen. Dann über die möglichst nebeneinander gelegten Schälrippchen gießen.
Zwiebelwürfelchen und Orangenschalen-Stiftchen auf die Rippenstücke verteilen, Deckel auflegen und eine gute Stunde bei schwacher Hitze gerade am Kochen halten. Dabei ab und zu etwas Sauce über die Rippenstücke schöpfen. Mehrmals etwas Brühe nachgießen.

**Das sollten Sie beachten:**

Das Fleisch soll pikant gewürzt sein und süß-sauer schmecken. Nur ungespritzte Orangen verwenden! Ihre Schale so dünn wie nur möglich abschälen, die weiße Innenhaut entfernen und die fast durchsichtige Orangenschale in Stiftchen schneiden.
Während des Anbratens kann man ganz zum Schluß etwas Zuckerrübensirup über die Schälrippchen träufeln, sie werden dann besonders schön braun.

**Dazu gibt es:**

Am besten weißen, körnig gekochten Reis oder Kartoffelpüree. Als Gemüse passen in Butter geschwenkte Karotten.

## Sächsische Kochkunst im Wilden Westen

Außer dem Fischreichtum, besonders den großen Forellen, hält die Natur im ›Yellowstone-Nationalpark‹ auch heute köstliches Wildbret bereit. Zur Zeit Old Shatterhands konnte es jeder freiweg schießen, niemand fragte nach einer ›Lizenz‹. Als Hobble-Frank von diesem Vorrecht der Westmänner Gebrauch machte, hatte er dabei besonderes Jagdglück: »Der kleine Sachse bildete sich nicht wenig darauf ein, am Nachmittag ein wildes Schaf geschossen zu haben. Es gab infolgedessen gekochtes Schöpsenfleisch und als Nachspeise Forelle.« (GW 35)
Schöps ist ein Ausdruck, den man im Westen unseres Vaterlandes kaum kennt, in Sachsen jedoch ist er schon lange gang und gäbe. Er steht für Hammel und kommt wohl aus dem Tschechischen.
Forelle als Nachspeise, die wir doch sonst stets als Vorspeise genießen, das ist eine Eigenwilligkeit der Westmänner. Ob diese seltsame Reihenfolge auf indianische Eßgewohnheiten zurückzuführen ist, das konnten die Völkerkundler bisher noch nicht klären. Ich jedenfalls riskiere den Zorn Old Shatterhands und bleibe dabei, die Forelle vor dem Fleisch zu essen. Außerdem geht es hier ja nur um das Hammelfleisch.
Kommen Sie bitte nicht auf den Gedanken, sich ein Schaf schießen zu wollen! Diese Vierbeiner laufen bei uns zwar vielfach noch ziemlich frei herum, sind aber nirgends zur Jagd freigegeben. Aber Ihr Metzger verkauft Ihnen gern eine schöne Hammelkeule, die vielleicht sogar aus Neuseeland kommt, also den Hauch der Ferne hat (und dafür weniger Hammelaroma). Er beint sie Ihnen auch aus. Dann können Sie das Gericht in Topf oder Kessel zubereiten. Besonders schön wird es im Römertopf: So bekommt es auch einen gewissen romantischen Beigeschmack. Anstatt der in Sachsen beliebten Beilage von weißen Rüben verwendete Hobble-Frank wahrscheinlich Pilze.

# Hammel ›Hobble-Frank‹

**Das brauchen Sie:** (für 4–6 Personen)

1 entbeinte Hammelkeule (ca. 1 kg), 2 Knoblauchzehen, Salz, Pfeffer, 6 Wacholderbeeren, 1 Tasse Wasser, 2–3 EL kleingehackte Zwiebel, 250 g Pfifferlinge, ¼ l Sauerrahm, 1 Gläschen Whisky, gehackte Petersilie.

**Das müssen Sie tun:**

Knoblauchzehen in die Hammelkeule legen und diese innen und außen gut mit Salz, Pfeffer und den zerdrückten Wacholderbeeren einreiben. Gewürze festdrücken, Fleisch eine Stunde stehenlassen.
In gewässerte Tonform legen. Wasser angießen. In den Backofen schieben, der auf 250 Grad eingestellt wird. Gesamtgarzeit: gut 2 Stunden. Nach 1 Stunde die Zwiebeln in die Kochflüssigkeit streuen. 15 Minuten vor Ende der Garzeit Pfifferlinge und den vorher erhitzten Sauerrahm zugeben, durchrühren. Fertiges Fleisch in der Form lassen, öffnen, Whisky erhitzen, anzünden und über das Fleisch gießen. Sauce nochmals durchrühren, Petersilie darauf streuen, servieren.

**Das sollten Sie beachten:**

Bevor man das Fleisch schneidet, kann man es aufklappen und die Knoblauchzehen herausnehmen.
Verwendet man Dosenpilze, so gibt man halb Wasser, halb Konservierungsflüssigkeit zum Fleisch.
Wer den Hammelgeschmack unbedingt unterdrücken will, der lege das Fleisch vorher 2 Tage in Buttermilch oder 1 Tag in Rotwein. Weinmarinade dann anstatt Wasser zum Angießen verwenden.

**Dazu gibt es:**

Salzkartoffeln, Kartoffelklöße oder Semmelknödel, Genüsse, die sich die Westmänner und ihre indianischen Freunde allerdings kaum leisten konnten. Sie mußten froh sein, wenn sie ein Stück trockenes Maisbrot dazu zu kauen hatten.

## Mexikanisches Borstenvieh

Schweinefleisch war für viele Indianer ein großer Leckerbissen, eine willkommene Abwechslung besonders auf ihren Streifzügen.
Nachdem Yumas die ›Hazienda del Arroyo‹ überfallen und niedergebrannt hatten, zogen sie mit einer Herde erbeuteter Rinder, Schafe und Schweine durch die Gegend. Sie trieben sozusagen ihre lebende Speisekammer hinter den Kriegern her. (GW 20)
Die Krieger mußten gut verpflegt werden, weil sie eine Menge Gefangener zu bewachen hatten. Das waren die Auswanderer, der Haziendero nebst Gattin, der sehr zwielichtige Ehrenmann Weller und Old Shatterhand. Die Yumas hatten vorher noch keine Bekanntschaft mit Old Shatterhand gemacht, und so stand ihnen also noch die Erfahrung bevor, die ihnen viele andere Stämme voraus hatten, nämlich daß man den berühmten Westmann nicht lange als Gefangenen halten konnte.
Ausgerechnet der Schweinebraten verhalf Old Shatterhand zur Flucht. Man gab ihm von dem gebratenen Fleisch und nahm ihm die Handfesseln ab, damit er sich die köstlichen Yuma-Steaks zum Mund führen konnte. Allerdings bekam er zum Essen kein Messer. Das mußte ihm erst in der folgenden Nacht ein junger Indianer zustecken, mit dem er sich vorher angefreundet hatte.
Heutzutage braucht man nicht erst in die Klemme zu geraten, um den köstlichen Schweinebraten nach Art der Yuma-Indianer zu genießen. Ein offenes Feuer, das ihm neben den Gewürzen erst das richtige Aroma gibt, wäre natürlich schon angebracht. Darüber kann man ein großes Fleischstück grillen; einfacher und schneller geht es mit Fleisch-Scheiben, und deshalb sollten Sie diese vorziehen.
Beifuß verwendeten auch die Indianer nur dann in größeren Mengen, wenn sie den Geruchssinn der Pferde täuschen wollten (GW 1). Uns genügt eine kleine Prise.

# Yuma-Steak

**Das brauchen Sie:**

4 Schweinekoteletts aus dem Nacken, 2 EL Öl, 1 EL Weinessig, 1 EL Tomatenmark, 1 EL flüssigen Honig, 1 EL Whisky, 1 Prise Beifuß, Salz, Pfeffer aus der Mühle, einige Spritzer Tabasco-Sauce.

**Das müssen Sie tun:**

Koteletts von allen lose daran hängenden Fleischstückchen befreien.
Öl, Essig, Tomatenmark, Whisky und Honig miteinander verrühren. Getrocknete Beifußblätter fein zerreiben und mit den übrigen Gewürzen zu der Sauce geben.
Koteletts damit auf beiden Seiten bestreichen und mindestens 2 Stunden stehenlassen. Dann Sauce abkratzen und aufheben.
Fleischscheiben auf dem heißen Grill garen. Nach dem Umdrehen mit der Grillsauce bestreichen. Nochmals umdrehen, so daß jede Fleischscheibe nach dem Bestreichen noch kurz gegrillt wird.

**Das sollten Sie beachten:**

Koteletts gut 2 cm dick schneiden lassen, sie brauchen dann auf heißem Grill etwa 12 Minuten insgesamt. Diese Zeit kann jedoch je nach Entfernung von der Glut und Hitzegrad sehr variieren. Schweinefleisch sollte immer durchgebraten sein.
Unter dem Elektrogrill oder in der Pfanne ist die Zubereitung ebenfalls möglich.
Sehr gut schmeckt es, wenn man das Fleisch vor dem Grillen mit einer halbierten Knoblauchzehe bestreicht.

**Dazu gibt es:**

Brot oder Kartoffeln, die in der Folie gegart wurden. Auch ein Salat aus weißen Bohnen schmeckt ausgezeichnet dazu.

# Fisch vom Lagerfeuer

Old Shatterhand war mit einigen Freunden und einer Gruppe Schoschone-Indianer auf der Spur feindlicher Sioux. An einem Wasserlauf im Gebiet des ›Bighorn River‹ schlugen sie ein gut geschütztes Nachtlager auf. »Der Bach erweiterte sich zu einem kleinen Teich. In dem klaren, bis auf den Grund durchsichtigen Wasser standen zahlreiche Forellen, die Hoffnung auf ein leckeres Nachtmahl gaben.«
Die Forellen mußten allerdings erst noch gefangen werden. Wie? Forellen greifen! Old Shatterhand ließ dafür zunächst einmal Gitter an Zu- und Abfluß des Teiches einschlagen, so daß die Fische nicht entwischen konnten. Dann begann das Abenteuer. Es wurde ein Heidenspaß, bei dem alle auf Kosten des Dicken Jemmy und von Hobble-Frank ausreichend zu lachen hatten: Beide Westmänner gingen baden, ohne eine einzige Forelle gefangen zu haben. Die Indianer konnten es besser, innerhalb weniger Minuten fingen sie reichlich Fische für das Abendessen.(GW 35)
Wer nicht naß werden will, der nehme lieber gekaufte Forellen mit zum Lagerfeuer! Und wer sie auf ›indianisch‹ garen möchte, der mache es, wie von Karl May beschrieben. Er lege eine Grube mit Steinen aus, erhitze diese durch ein Feuer und packe dann die ausgenommenen Forellen dazwischen.
In späteren Zeiten jedoch gingen auch die Indianer zu einer einfacheren Methode über, die mein Kollege Max Inziger an den Gebirgsbächen seiner bayerischen Heimat zur wahren Meisterschaft entwickelt hat. Das Rezept ist verblüffend einfach, der Erfolg verblüffend gut. Und die Geschichte klappt auch in Ihrer Küche.

# Eingepackte Forelle ›Dicker Jemmy‹

**Das brauchen Sie:**

Pro Person 1 Forelle, Salz, 2 mittelgroße Champignons, 5 Blatt Zeitungspapier.

**Das müssen Sie tun:**

Forelle ausnehmen und mit kaltem Wasser innen und außen gründlich waschen. Außen und innen salzen.
Champignons in Wasser abreiben, braune Stellen wegschneiden und dann die Köpfe in dünne Scheibchen (2 mm) schneiden. Pilzscheiben in die Bauchhöhle der Forelle stecken.
Zeitungspapier gut mit kaltem Wasser anfeuchten, die einzelnen Blätter aufeinanderlegen und die Forelle fest darin einwickeln; Enden fest zusammenfalten.
Auf Holzkohle oder Holzglut legen, nach 7 Minuten umdrehen und nochmals auf der anderen Seite 7 Minuten garen.
In der angekohlten Papierhülle servieren.

**Das sollten Sie beachten:**

Die eingepackten Forellen können auch auf der trockenen Herdplatte oder unter dem Elektrogrill gegart werden. Will man sie im Zimmer servieren, so entfernt man das verkohlte und leicht abfallende äußere Papier, ehe man sie auf den Tisch bringt. Wenn man die innere Papierlage entfernt, bleibt die Haut der Forelle meist daran haften und läßt sich im selben Arbeitsgang abziehen.

**Dazu gibt es:**

Kartoffeln, entweder in Aluminiumfolie auf der Glut oder als normale Pellkartoffeln zubereitet, und Brot.
Zitrone ist nicht nötig, da die eingepackten Forellen ein so volles Aroma haben wie bei keinem anderen Rezept.
Rohkostsalat kann eine schmackhafte Ergänzung sein.

# An den Fischkesseln der Natur

Zur Zeit als Old Shatterhand durch den Westen Nordamerikas zog, war der Landstrich nahe dem Ursprung des Yellowstone-Flusses »nur den wildesten Indianern bekannt und kaum in einzelnen Teilen von einem kühnen, einsamen Trapper gesehen«. (GW 35)
Heute gehört diese Gegend zum Yellowstone-Nationalpark, dem berühmtesten, ältesten und größten Nationalpark der Vereinigten Staaten. Die Landschaft ist noch ebenso großartig wie damals, nur herrscht jetzt lebhafter Betrieb dort, vor allem durch die Touristen.
Im Yellowstone-Nationalpark gibt es mehr ›Geiser‹, sprudelnde heiße Quellen, als in der ganzen restlichen Welt. Und im Yellowstone-See tummeln sich munter Forellen. Allerdings habe ich keine kochendheiße Quelle gefunden, die von »so geringem Umfang war, daß sie gerade als Kochtopf diente«, und das abfließende Wasser »dadurch einen so würzigen Geschmack« hatte, »daß es mit dem Lederbecher geschöpft und mit Behagen getrunken wurde«. Das mag jedoch daran liegen, daß mir das im Aufspüren aller möglichen Dinge geübte Auge eines Westmanns fehlt. Mag auch sein, daß meine Ansprüche an Fischkessel höher sind.
Jedenfalls will ich Ihnen nicht zumuten, eigens in die USA zu reisen, nur weil Sie eine gute Forelle blau zu speisen wünschen. Das läßt sich viel einfacher und billiger bewerkstelligen, wenn Sie das nebenstehende Rezept befolgen. Der Sud ist allerdings nicht so wohlschmeckend, daß ich ihn als Getränk empfehle. Zum Forellensud-Trinken müßten Sie dann doch in den Yellowstone-Park fahren. Aber Lederbecher nicht vergessen!

# Yellowstone-Forelle

**Das brauchen Sie:**

1 Lachsforelle von gut 1 kg Gewicht, 1 Topf, der so lang und tief ist, daß der Fisch hineinpaßt, 2–3 Lauchstangen, pro Liter Wasser 1 gestrichenen EL Salz, 150 g Butter, 2 Zitronen.

**Das müssen Sie tun:**

Lachsforelle ausnehmen und auswaschen. Das Weiße der Lauchstangen sorgfältig waschen und der Länge nach halbieren; mit der Schnittseite nach unten parallel zueinander so auf den Boden des Topfes legen, daß man die Forelle mit der Bauchseite nach unten darauf setzen kann. So viel Wasser zugießen, daß der Fisch gerade bedeckt ist; salzen und auf mittlerem Feuer gerade zum Kochen kommen lassen. Hitze reduzieren, damit das Wasser nicht mehr sprudelt, die Forelle in ungefähr 40 Minuten gar ziehen lassen.

**Das sollten Sie beachten:**

Diese Zubereitungsart ist die natürlichste und ähnelt am meisten der von Karl May beschriebenen. Sie läßt den Eigengeschmack des köstlichen Fleisches am besten zur Geltung kommen. Die Lauchstangen verwenden Sie nur, wenn Sie keinen Fischkessel mit Einsatz haben. Sie sollen nur als Rost für den Fisch dienen.
Sollten Sie die sehr viel kleineren Bachforellen verwenden, so benötigen Sie pro Person einen Fisch. Bachforellen schmecken nach dieser Zubereitungsart nur dann, wenn sie wirklich aus einem Gebirgsbach stammen. Bei Zuchtforellen kochen Sie besser den Sud vorher mit Zwiebeln, Lorbeerblatt, Karotte und einem kräftigen Schuß Weißwein auf.

**Dazu gibt es:**

Zerlassene Butter, die auf keinen Fall gebräunt sein darf, Zitronenhälften und frische Salzkartoffeln.

# Apatschen-Frühstück

Zahllose indianische Sagen über den Mais zeigen, wie wichtig diese goldgelben Körner für den roten Mann waren. In den USA und auch in anderen englischsprechenden Ländern sagt man noch heute ›corn‹ oder sogar ›indian corn‹, indianisches Getreide, wenn man Mais meint. Und in vielen Sprachen wird das wichtigste Getreide einfach als ›Korn‹ bezeichnet.
Für Indianer unterwegs war Maisbrei ein beliebtes Reisegericht. Auch der Apatschen-Häuptling Intschu tschuna, seine Tochter Nscho-tschi und sein Sohn Winnetou stärkten sich mit einem Frühstück aus Fleisch und einem Brei aus Maismehl und Wasser, ehe sie zum Nugget Tsil, dem geheimen Goldfundort, ritten, ohne zu ahnen, daß es des Häuptlings und seiner Tochter letzter Ritt sein sollte. (GW 7)
Doch wird ein solcher Maisbrei, auch wenn er als Reiseproviant für die Indianer noch so praktisch war, modernen Ansprüchen nicht unbedingt gerecht. Daher gebe ich ein verfeinertes indianisches Maisbrei-Rezept, das auch heute noch in Europa mit Genuß verzehrt werden kann.

# Maisbrei nach Häuptlings Art

**Das brauchen Sie:**

2 mittelgroße Zwiebeln, 1 EL Butter oder Margarine, 1 l Fleischbrühe (Würfelbrühe), 1 Tasse Maismehl, 1 Tasse Maiskörner, 100 g Rauchfleisch in hauchdünnen Scheiben, 100 g Champignons, Salz, weißen Pfeffer aus der Mühle.

**Das müssen Sie tun:**

Zwiebeln in kleine Würfelchen schneiden und in einer Pfanne in Butter hellblond werden lassen. Beiseite stellen.
In einem Topf die Fleischbrühe zum Kochen bringen. Das Maismehl einlaufen lassen und dabei ständig rühren, damit sich keine Klumpen bilden. Dann die Hitze verringern und in etwa 10 Minuten die Masse zum Brei kochen; dabei häufig rühren.
Die Maiskörner aus der Dose ohne ihre Flüssigkeit zugeben. Die Rauchfleisch-Scheiben der Länge nach halbieren und in schmale Streifchen schneiden. Zusammen mit den geputzten und blättrig geschnittenen Champignons in den Brei rühren. Zwiebeln zugeben. Abschmecken mit Salz und Pfeffer.
Noch weitere 15 bis 20 Minuten köcheln lassen. Wenn der Brei etwas abgekühlt ist, ihn in Scheiben schneiden.

**Das sollten Sie beachten:**

Die Indianer haben natürlich oft anderes Fett und andere Pilze genommen. Auch mußten sie sich die Brühe erst kochen; dazu verwendeten sie besonders gern die Karkassen (Rümpfe) von Wildgänsen.
In den meisten indianischen Rezepten wird auch noch Ahornsirup zum Abschmecken angegeben. Wer es versuchen will, der nehme braunen Zucker.

**Das gibt es dazu:**

Fleisch, das mit Brühe oder Sauce zubereitet sein kann. Möglich ist jedoch auch kurzgebratenes Fleisch, von dem man das Bratfett über den Maisbrei gießt.

# Blockhaus-Diät

Ein greiser Indianeragent, »nicht einer von der Sorte, die, um sich selbst zu bereichern, die Roten um ihr Recht prellen«, sondern einer, »der immer bestrebt war, ehrlich an den roten Männern zu handeln«, erzählte, wie er in ein ärmliches Blockhaus kam. Das war »in jener weit entlegenen Ecke, die der nordwestliche Winkel des Indianerterritoriums mit den gradlinigen Grenzen von Kansas, Colorado und Neu-Mexiko bildet«. In der Blockhütte sah es höchst ärmlich aus. »Über dem Herd hing kein Kessel. An Speisevorrat erblickte ich nur eine geringe Anzahl von Maiskolben, die in einer Ecke lagen.« (GW 19)
Was damals Arme-Leute-Vorrat war, nämlich Maiskolben, ist heute bei uns ein Feinschmecker-Essen. Ganze Maiskolben werden in Konservendosen aus den USA importiert und in Delikatessenläden verkauft. Langsam bekommt man sie frisch auch in Gemüsegeschäften. Bitte, seien Sie zurückhaltend und holen Sie sich nicht einfach Mais von den Feldern! Von der ›Unmoral‹ solcher Beschaffungsart einmal ganz abgesehen, wären Sie obendrein bitter enttäuscht, weil es sich um Futtermais handelt, der meist nicht weichzukriegen ist.
Die Indianer Nordamerikas verwendeten oft grünen Mais. Häufig haben sie den Mais geschrotet, die Körner also von den Kolben gelöst und dann zerstampft oder zwischen Steinen zerrieben. Dazu dürfte bei uns niemand viel Lust haben. Und die elektrische Kaffeemühle wollen Sie auch nicht gern mit Mais verschmieren. Darum: Finger nehmen und den Mais vom Kolben essen, Sie werden begeistert sein.

# Indianerkorn

**Das brauchen Sie:** (je Person)

1 Maiskolben mitsamt den Blättern, 1 TL Butter, Salz, 1 Messerspitze gemahlenen Koriander (kann wegbleiben), 1 knappen TL kleingeschnittenen Dill.

**Das müssen Sie tun:**

Blätter lockern, aufklappen und die dünnen seidigen Häutchen abziehen. Kolben dann eine knappe Stunde in kaltes Wasser legen.
Butter mit den Gewürzen verkneten. Maiskolben abtropfen lassen, die Körner mit der gewürzten Butter bestreichen, Blätter wieder darüber klappen und das Ganze dann in Aluminiumfolie einwickeln. Gut 10 cm über der Holzkohleglut etwa 25 Minuten rösten. Dabei mehrmals umwenden.
Als Päckchen servieren; erst vor dem Essen Folie und Blätter entfernen.

**Das sollten Sie beachten:**

Vorsicht, Finger nicht verbrennen! In Amerika gibt es dreizinkige Spezialgabeln, die man von beiden Seiten in den Maiskolben steckt, um die Körner wie vom ›Drehspieß‹ abzuknabbern. Wir können uns mit Papierservietten helfen.
Maiskolben können auch von den Blättern befreit werden und dann in Salzwasser in etwa einer halben Stunde gargekocht werden.
Für besonders ›kalorienbewußtes‹ Genießen genügt es, die Kolben nur mit Salz und Pfeffer zu bestreuen. Mir schmecken sie mit Dillbutter erheblich besser. Zu Dillbutter kann man auch sehr gut getrocknete Dillspitzen verwenden.

**Dazu gibt es:**

Außer Gewürzen und Butter nichts, es sei denn eine Extraserviette und ein Schälchen Wasser zum Fingersäubern. Andererseits sind diese Maiskolben eine wunderbare Beilage für alle Fleischgerichte vom Grill.

# Senfindianers Abenteuer

Eine der wohl köstlichsten Geschichten über das Essen läßt Karl May den Westmann Hobble-Frank vor einer Gruppe deutscher Auswanderer am Lagerfeuer erzählen. Auf sächsisch. (GW 35)
Zwei Indianer, als Abgesandte ihres Stammes in Washington, wurden vom Präsidenten, dem großen weißen Vater, zum Essen eingeladen. »Es gab Speisen, die sie im Leben noch nicht gesehen, noch viel weniger aber gegessen hatten. Da raunte der Alte dem Jungen listig zu: ›Mein junger Bruder mag mit mir offpassen, wovon die weißen Gäste am wenigsten nehmen. Das ist die teuerste und köstlichste Schpeise. Da langen wir tüchtig zu.‹
Sie gaben also acht und merkten, daß am allerwenigsten genommen wurde von einer braunen Schpeise, die auf silbernen Untersetzern in kleenen, feinen Gläsern schteckte. In jedem Gläschen gab es eenen kleenen Löffel aus Schildkrötenschale. Der junge Indianer zog sich das Glas heran, nahm eenen gehäuften Löffel voll und rasch darauf noch eenen zweeten. Dabei blickte er sich um, ob man wohl bemerkt habe, daß er gleich zwee Löffel voll genommen hatte. Keen Mensch guckte her.
Erscht nun begann er, die köstliche Schpeise mit der Zunge zu zerdrücken, und der Alte sah ihm dabei voll Spannung in das Gesicht. Dieses Gesicht wurde nach und nach gelb, rot und blau, sogar grün, aber es blieb schtarr und unbewegt, denn een Indianer darf selbst bei den ärgsten Schmerzen nich mit der Wimper zucken. Die Oogen wurden schtarr und immer schtarrer und fingen an zu tränen, bis das Wasser schtromweise über die Backen herunterlief. Da machte der junge Indsman eenen fürchterlichen, todesmutigen Schluck und – hinunter war der Senf, und es wurde ihm wieder besser, nur daß das Wasser noch immer in Schtrömen aus den Oogen lief.
Darum fragte der alte Indsman neugierig: ›Warum weint mein junger roter Bruder?‹
Dieser hätte um nichts in der Welt eingestanden, daß ihm die köstliche Speise so off die Nerven und an die Leber gegangen sei, darum antwortete er: ›Ich dachte eben daran, daß

mein Vater vor fünf Jahren im Mississippi ertrunken ist.‹ – Bei diesen Worten schob er dem Alten das Glas hin. – Dieser schob schnell hintereinander zwee volle Löffel in den Mund und klappte ihn dann rasch zu. Aber dann gingen mit eenem Male die Lippen wieder auseenander und klappten auf und zu wie bei eenem Karpfen, der keene Luft bekommen kann. Die Oogen wurden rot und füllten sich mit eenem See von Tränen, der bald überlief und seine Fluten über die Backen herniedergoß.
Das sah der Junge und fragte ihn mitleidig: ›Warum weint mein alter roter Bruder?‹ Da schluckte dieser mit Aufbietung seiner ganzen Willenskraft den Senf hinunter, holte tief und stöhnend Atem und antwortete: ›Ich weine darüber, daß du damals vor fünf Jahren nich ooch gleich mit ersoffen bist!‹«
Die beiden rothäutigen Feinschmecker wurden von da an »Senfindianer« genannt. (GW 35)
Ein ähnliches Tafel-Erlebnis will ich natürlich keinem meiner Leser wünschen, deshalb gebe ich Ihnen von der Präsidenten-Tafel ein Rezept, bei dem derartige ›Gefahren‹ ausgeschaltet sind. Obwohl es auf den ersten Blick sehr fremdländisch anmutet, kann es jedoch eine echte Bereicherung des deutschen Küchenzettels sein. Genießen Sie das, was die Senfindianer verschmähten! Sie finden auf der nächsten Seite ein Gericht, das würdig jedes Präsidenten ist und gleichzeitig den Geldbeutel eines Normalverdieners nicht strapaziert. Und dazu erzählen Sie Ihren Gästen Hobble-Franks Geschichte von den Senfindianern.

# Präsidenten-Salat

**Das brauchen Sie:**

1 EL Weinessig, Salz, Pfeffer aus der Mühle, 4 EL Olivenöl, 1 TL Zitronensaft, 3 große kernlose Apfelsinen, 2 mittelgroße milde Zwiebeln, ca. 6 schwarze Oliven.

**Das müssen Sie tun:**

In einer Salatschüssel Essig und Salz gut miteinander verrühren, dann Öl, Zitronensaft und Pfeffer zugeben und so lange rühren, bis eine glatte Salatmarinade entstanden ist.
Apfelsinen und Zwiebeln schälen und quer in ganz dünne Scheiben schneiden.
Mit der Marinade vermischen, kurz ziehen lassen und dann mit kleinfingernagelgroßen Stücken der schwarzen Oliven bestreuen.

**Das sollten Sie beachten:**

Auch mit Blutorangen schmeckt dieser Salat köstlich und sieht vor allem besonders schön aus. Unbedingt Kerne beim Schneiden entfernen!
Die Zwiebeln dürfen auf keinen Fall scharf sein; gut eignen sich große rote Zwiebeln. 1 Teil Zwiebeln zu 2–3 Teilen Apfelsine.
Den Pfeffer, der schwarz und grobgemahlen sein sollte, kann man auch erst zum Schluß einstreuen.
Auf grünen Salatblättern in flachen Schalen anrichten.

**Dazu gibt es:**

Brot, wenn man den Salat als Vorspeise reicht. Sonst schmeckt er zu vielen Fleischsorten, besonders zu gegrillten Stücken.

*Indianer-Steak im eigenen Garten!*

*Für Grillvergnügen mit fröhlichen (und oft sehr sachkundigen) Gästen wie geschaffen: Yuma-Steak mit Nah-oatli-Bohnen und Präsidentensalat. Fertig gekaufte Grillsaucen können den Genuß noch erhöhen. Für eine ›Abenteuer-Party‹, nicht nur nach Indianerart, eignen sich besonders gut die praktischen rotho-Schüsseln und -Bretter, die obendrein so appetitlich weiß wie natürliches Erlenholz aussehen.*

# Bärentatzen und ›Bärentatzen‹

Sagt man ›Old Shatterhand‹, so erinnert man sich sofort seines berühmten Gewehres ›Bärentöter‹, und von da ist es nur ein Gedankensprung zu Bären und ›Bärentatzen‹.
Sam Hawkens, der es schließlich wissen mußte, behauptete einmal: »Es gibt überhaupt nichts, was über Bärentatzen geht. Sie müssen aber längere Zeit liegen, bis sie den gehörigen Wildgeschmack bekommen haben. Am feinsten schmecken sie, wenn sie schon von Würmern durchbohrt sind.« (GW 7) Welch letzteres ich bezweifle.
Lange habe ich es mir überlegt, ob ich ein Bärentatzen-Rezept geben soll. Ich lasse es aus mehreren Gründen:
Erstens birgt Bärenfleisch große Gefahren, wenn es nicht sehr sorgfältig auf Trichinen untersucht wurde.
Zweitens sind Bärentatzen sehr schwierig zuzubereiten: Mit der Lötlampe muß man die Haare absengen, dann brühen, um die Hornhaut von den Sohlen abziehen zu können. Schließlich muß man sie vorkochen, die Krallen entfernen und die kleinen Knöchelchen im Fußinneren. Der Chefkoch des berühmten Berliner Restaurants Ritz meint sogar, daß sie unbedingt ›gefüllt‹ werden müssen.
Drittens dürfte es sowieso sehr schwer fallen, Bärentatzen zu beschaffen.
Trotzdem braucht Ihre ›Abenteuer-Party‹ nicht ganz auf diese Delikatesse zu verzichten. Ich habe einen überraschend geschmacksähnlichen Ersatz gefunden: Und zwar nehme ich ein Stück von einem sehr gut abgehangenen Hirschrücken, schneide quer zur Faser Scheiben von 2 cm Dicke, lege diese 48 Stunden in Whisky, reibe sie dann mit zerdrückten Wacholderbeeren, Pfeffer und Salz ein und mache an einer Seite 3 oder 4 Einschnitte, jeden gut 1 cm tief und in der Art, wie man auch den Rand eines Steaks einschneidet, damit er von der Haut nicht zusammengezogen wird. Diese kleinen Hirschsteaks grille ich und serviere sie als ›Mock-Bear-Paw Winnetou‹.
Den Gästen erkläre ich, und Sie sollten das auch tun, daß ›Bear-paw‹ Bärentatze heißt. Die Vorsilbe ›Mock‹ wollen wir dann möglichst schnell vergessen. Sie stört nur die Illusion, bedeutet sie doch ganz unromatisch: Imitation.

## Lagerfeuer-Eintopf

In Mexiko machte sich Old Shatterhand einmal in Begleitung eines Indianerjungen vom Stamme der Mimbrenjos auf, um ein Lager des Yuma-Häuptlings ›Großer Mund‹ zu beschleichen.
Als ihnen ein ganz unerwarteter Duft in die Nasen stieg, schnupperten sie sich im wahrsten Sinn des Wortes vorsichtig an die Zelte heran. Der Mimbrenjoknabe hatte ein besonders ›scharfes‹ Riechorgan.
Sachverständig stellte er fest: »... es riecht nach Nah-oatli!« Das sind Bohnen. »Diese Hülsenfrüchte sind ein Lieblingsgericht des Mexikaners, und auch die Indianer Mexikos essen sie gern.« (GW 20)
Allerdings wurden sie selten auf einen Kriegszug mitgenommen, weil man dazu ja auch Kessel, Töpfe und Näpfe hätte mitschleppen müssen.
Das mexikanisch-indianische Bohnengericht ist so gut, daß man es noch heute überall in den Vereinigten Staaten unter dem Namen ›Chili con carne‹ (Chilipfeffer mit Fleisch) auf den Speisekarten findet. Besonders beliebt ist es bei Geselligkeiten im Freien. Zudem ist es wirklich ideal, weil es sich in einem einzigen Topf über offenem Feuer zubereiten läßt, es ist pikant und sättigend zugleich, kostet nicht viel und: macht so einen schönen Durst!
Versäumen Sie jedoch auf keinen Fall, es so zu servieren, wie Karl May es beschreibt: Einer der Indianer »klatschte einigemal in die Hände und rief mit halblauter Stimme: ›Miuschyame, ma – kommt herbei, das Essen ist fertig!‹«
Halblaut nur deshalb, weil der Indianer mit Feinden in der Umgebung rechnen mußte. Sie können im eigenen Garten ruhig laut »Miuschyame, ma!« rufen, denn sicher sind Ihre lieben Nachbarn keine blutrünstigen Feinde, sondern hätten vermutlich sogar große Lust, am Mahl teilzunehmen.

# Nah-oatli, mexikanische Bohnen

**Das brauchen Sie:**

2 Zwiebeln, 1 grüne Paprikaschote, 2 EL Butter, 500 g Rinderhack, 750 g Tomaten, 300 g weiße Bohnen (über Nacht in ¾ l Wasser eingeweicht), Salz, Pfeffer aus der Mühle, Cayenne-Pfeffer.

**Das müssen Sie tun:**

Zwiebeln kleinschneiden, Paprika entkernen und in Streifchen schneiden, zusammen mit Zwiebeln in der Butter in einem großen Topf glasig werden lassen. Hackfleisch dazugeben und anbraten lassen. Tomaten enthäuten und grob zerschneiden. Zusammen mit den Bohnen samt Einweichwasser zum Fleisch geben. Würzen, dabei nicht zu sparsam mit dem scharfen Cayenne-Pfeffer umgehen.
Gut 1½ Stunden auf schwacher Hitze unter gelegentlichem Umrühren kochen.

**Das sollten Sie beachten:**

Dieses Gericht muß, wenn es einigermaßen echt sein soll, ziemlich scharf sein. Dazu kann man anstatt Cayenne-Pfeffer auch (und besser) kleine scharfe Chilischoten verwenden. Das Gericht darf nicht zu suppig sein und kann mit Löffel oder Gabel gegessen werden.

**Dazu gibt es:**

Nach mexikanischer oder indianischer Art: gar nichts! Doch wir sollten auf alle Fälle einige dicke Scheiben Brot dazu anbieten. Das mildert die Schärfe. Weißes oder hellgraues Brot paßt am besten.
Wer will, kann auch eingelegte Gurken oder Mixed Pickles dazu reichen; beides paßt, wenn es auch nicht stilecht ist.
Als Getränk schlage ich Bier vor.

# Maispfannkuchen à la Mexicana

In Mexiko gefiel es dem weitgereisten Old Shatterhand offenbar recht wenig. »Sollte mich jemand fragen, welches wohl der traurigste und langweiligste Ort der Erde ist, so würde ich, ohne mich lange zu besinnen, antworten: Guaymas in Sonora, dem nordwestlichen Staat der Republik Mexiko.« Daß er dort auf eine Schar deutscher Auswanderer traf, die von betrügerischen Vermittlern schändlich ausgebeutet werden sollte, auch das konnte seine Begeisterung für dieses Land kaum steigern.

In einem mörderischen Ritt jagten Old Shatterhand und Winnetou zusammen mit zwei jungen Mimbrenjo-Indianern zur Hazienda del Arroyo, um die Auswanderer zu retten. Vergeblich, die Hazienda war niedergebrannt, von den Auswanderern nichts mehr zu sehen. Weiter ging es hinter den Banditen her. Nur eine kurze Rast gönnten sich die Verfolger im nächstgelegenen Städtchen, wo sie »ohne lange zu wählen, vor der ersten besten Kneipe abstiegen«. Und so elend die Schenke auch aussah, es gab doch ›Wein und Tortilla‹. (GW 20)

Tortillas gibt es in Mexiko sozusagen überall, zu jeder Tages- und Nachtzeit.

Sie verdienen es, da sie durch ihre verschiedenen Füllungen viel Abwechslung ermöglichen, auch bei uns bekannt zu werden. Tortilla kann bei jeder sommerlichen Freilufteinladung eine angenehme Überraschung sein. Ich gebe Ihnen hier ein Rezept, mit dem Sie sicher großen Erfolg bei Ihren Gästen haben werden.

# Felsenburg-Tortillas

**Das brauchen Sie:**

Für 12 Stück (also vier Personen) 1 TL Salz, 180 g Maismehl, gut ¼ l Wasser, Speckschwarte. Und für die Sauce: 1 EL Schmalz, 2 mittelgroße Zwiebeln, 1 TL Rosenpaprika, 4 große Tomaten, 2 grüne Paprikaschoten, 1 Zehe Knoblauch, Salz, schwarzen Pfeffer aus der Mühle, 1 Prise Zucker, 150 g Krakauer Wurst in dünne Scheiben geschnitten.

**Das müssen Sie tun:**

Salz und Mehl miteinander vermischen. Unter ständigem Rühren ¼ l Wasser zugießen. Nachher den Teig kneten und so lange eßlöffelweise Wasser zugeben, bis er nicht mehr klebt. Teig dann in mehrere Stücke teilen, diese zwischen zwei Lagen Pergamentpapier dünn (2 mm) ausrollen, zu Platten von ca. 15 cm Durchmesser ausschneiden. Pfanne mit Speckschwarte ausreiben, Tortillas darin hellbraun backen.
In Aluminiumfolie eingewickelt im Backofen warmhalten. Zur Sauce das Schmalz in der Pfanne erhitzen und die kleingeschnittenen Zwiebeln darin glasig werden lassen. Paprika überstäuben, umrühren, die enthäuteten und grob zerschnittenen Tomaten zugeben. Paprikaschoten entkernen und in kleine Streifchen schneiden und zusammen mit der zerdrückten Knoblauchzehe zugeben. 20 Minuten auf schwacher Hitze köcheln lassen, dabei zudecken und einige Male umrühren. Schließlich mit den Gewürzen abschmecken, die Wurstscheiben noch 5 Minuten darin ziehen lassen. Auf die warmen Tortillas geben; offen mit Messer und Gabel vom Teller oder zusammengeklappt aus der Hand essen.

**Das sollten Sie beachten:**

Tortillas immer auf mäßiger Hitze backen. Beim Essen aus der Hand Sauce so lange einkochen, bis sie breiig ist.

**Dazu gibt es:**

Rotwein; einfachen, kräftigen Landwein.

# Frau Rosalies Leckerbissen

In den Vereinigten Staaten kennt man eine große Zahl köstlicher Rezepte aus Maismehl. Leider wird dieses nahrhafte gelbe Mehl bei uns sehr stiefmütterlich behandelt. Karl May jedoch wußte sehr genau, wie gut Maiskuchen, Maisgebäck oder Maisfladen schmecken. Oft erzählt er davon, daß sich Indianer, Siedler und Westmänner gütlich daran taten.
Als Hobble-Frank und Tante Droll (keine Tante, sondern ein berühmter Westmann) zusammen mit dem zwielichtigen Ölprinz und biederen deutschen Auswanderern unterwegs waren, gab es bei jeder Gelegenheit Maisküchlein. (GW 37)
»... bald war der Hof vom Duft gebratenen Fleisches und neu gebackener Maisfladen erfüllt. Zu dem Schmaus, der nun begann, wurden der Hobble-Frank und auch die Tante Droll eingeladen...« Frank lachte still in sich hinein, als er bemerkte, wie besorgt Frau Rosalie Ebersbach, geborene Morgenstern und verwitwete Leiermüller, um ihn war. Sie legte ihm die besten Bissen vor. Er mußte fast mehr essen, als er vermochte, und als er schließlich nicht mehr konnte und nachdrücklich dankte, weil sie ihm noch einen dampfenden Maiskuchen aufzwingen wollte, bat sie ihn: »Nehmen Sie doch nur das noch, Herr Hobble-Frank! Ich gebe es Ihnen gern. Verstehen Sie mich?«
Diese ›gern gegebenen‹ dampfenden Maiskuchen wurden zum Fleisch gegessen. Besonders gut schmecken sie jedoch auch zum Frühstück, sie werden dazu noch heute überall in den USA serviert.
Versuchen Sie einmal das nebenstehende Rezept. Sie brauchen sicher nicht die Überredungskünste von Frau Rosalie, um für diese Corn Muffins, wie sie heute heißen, Ihre Familie oder Ihre Freunde zu begeistern.

# Corn Muffins (gesprochen: Korn Máffins)

**Das brauchen Sie:**

250 g Maismehl, 2½ TL Backpulver, ½ TL Salz, ½ TL Zucker, 2 große Tassen Buttermilch, 2 Eier, 4–5 EL geschmolzene Butter (abgekühlt).

**Das müssen Sie tun:**

Mehl, Backpulver, Salz und Zucker in eine Schüssel sieben. Buttermilch, Eier und die geschmolzene Butter zufügen und mit den Rührbesen des elektrischen Rührgeräts (oder mit einem kräftigen Schneebesen) schlagen.
In kleine, vorher ausgebutterte Förmchen einfüllen und im vorgeheizten Ofen bei etwa 200 Grad ungefähr 25 Minuten backen. Stäbchenprobe! Heiß servieren.

**Das sollten Sie beachten:**

In Amerika gibt es eigene Muffin-Förmchen. Wir können Gebäckförmchen oder auch Ragout-fin-Näpfchen aus Keramik nehmen. Die Maisküchlein sollten etwa 6–7 cm Durchmesser haben und etwa 5 cm hoch sein. Die angegebene Teigmenge reicht dann für etwa 12 Muffins. Natürlich kann man die Muffins auch kalt essen, aber ihren vollen Wohlgeschmack entfalten sie, wenn sie beim Auseinanderbrechen noch dampfen.

**Dazu gibt es:**

Zum (Kaffee!)-Frühstück etwas Butter und je nach Geschmack auch noch Honig.
Man kann die Corn Muffins auch zu gebratenem oder gegrilltem Fleisch geben. Jedenfalls: Bei einer ›Old-Shatterhand-Party‹ dürfen sie auf keinen Fall fehlen!

# Indianischer Reiseproviant

Man kann Pemmikan mit k oder mit c schreiben, man kann sowohl die erste als auch die letzte Silbe betonen oder auf amerikanisch ›pémmiken‹ sagen: Die so bezeichnete Fleischspeise ist auf jeden Fall sehr schmackhaft. Es handelt sich um eine Art Indianer-Salami, die man ganz leicht selbst machen kann. Besonders zu empfehlen bei kleinen Einladungen, wenn man seinen Freunden einmal etwas vorsetzen will, das sie sonst nirgendwo bekommen. Und bei jedem Kinderfest werden die Buben von diesem ›Winnetou-Brotaufstrich‹ begeistert sein.
Pemmikan war neben getrocknetem Fleisch der wichtigste Reiseproviant aller Prärieindianer. Aufbewahrt und transportiert wurde er meist in Tierblasen oder auch kleinen Säkken aus Leder.
Karl May weiß so mancherlei über Pemmikan zu berichten. So läßt er den alten Blender am nächtlichen Lagerfeuer erzählen, daß er sechs Männer, die seine Kuh gestohlen hatten, dabei überraschte, wie sie »das Tier in Stücke zerlegt und die Schnitten zum Trocknen aufgehängt hatten, um Pemmikan zu machen.« (GW 36)
Ein anderes Mal lesen wir, daß Old Shatterhand in einem Schlupfwinkel der Stakesmen, einer Bande, die im wasserlosen Llano Estacado die Wegzeichen (stakes) umsteckte, um Reisende irrezuleiten und dann auszurauben, riesige Mengen von Beutegut fand, darunter auch eine ›Menge Büchsen voll Pemmikan‹. (GW 9)
Indianische Feinschmecker aßen zu Pemmikan besonders gern Büffelmark. Sie können Scheiben von Rindermark, das vorher in den Knochen gekocht wurde, darauf legen, so erhalten Sie wahrhafte Gourmet-Häppchen.

# Pemmikan

**Das brauchen Sie:**

200 g getrocknetes oder geräuchertes Rindfleisch (Bündner oder Neuenahrer), 100 g Griebenschmalz, je eine kräftige Prise Kerbel, Basilikum, Pfeffer aus der Mühle, Koriander und Zucker, eine kleinere Prise Majoran, Salz nach Geschmack.

**Das müssen Sie tun:**

Fleisch durch den Wolf drehen. Gewürze und Griebenschmalz kräftig damit verkneten. In einer feuerfesten Schüssel bei etwa 120 Grad im Backofen kurz erhitzen. Dann in vorgesehene Gefäße oder Behälter füllen. Kurz umrühren.
Abgekühlt servieren.

**Das sollten Sie beachten:**

Für echt indianischen Pemmikan sollte man sich vom Metzger solche Blasen besorgen, in die man sonst Schwartenmagen oder Bierwurst füllt. Ich empfehle kleine Steintöpfchen oder Marmeladengläser. Darin kann Pemmikan schon erhitzt werden, man erspart sich das Umfüllen und, wenn man noch kleine Aufkleber mit indianischen Motiven bemalt, ist die Speise eine Zierde für jeden Tisch.
Die Gewürze kann man nach persönlichem Geschmack variieren. Die Indianer verwendeten vielerlei getrocknete Beeren. Wir können zerdrückte Wacholderbeeren nehmen. Natürlich hatten die Indianer noch keinen Fleischwolf. Ihre Squaws mußten das getrocknete Fleisch zwischen Steinen zerreiben. Das war eine Heidenarbeit, besonders wenn viele Zentner Pemmikan für den Wintervorrat herzustellen waren.

**Dazu gibt es:**

Brot oder Brötchen. Man bestreicht sie nicht zu dünn mit Pemmikan. Das verarbeitete Griebenschmalz ist fett genug, man braucht also keine Butter. Vielleicht etwas Schnittlauch darüber streuen.

# Vorrat ohne Kühlschrank

Da die Indianer Konservendosen, Kühlschränke oder gar Tiefkühltruhen nicht kannten, benutzten sie Erdhöhlen als Vorratskammern für getrocknetes Fleisch, Gemüse und Obst. Wie das Fleisch getrocknet wurde? »An langen Riemen, die von Baum zu Baum gezogen waren, hingen lange, dünn geschnittene Fleischstücke...« (GW 37)
Oft auch haben die Indianer das Fleisch an Stangengestellen getrocknet. Es mußte mehrere Tage hängen, und zwar hoch genug, daß es Hunde oder Präriewölfe nicht erreichten. Obwohl das getrocknete Fleisch ohne Salz zubereitet war, konnte es monatelang aufbewahrt werden. Es stammte fast ausschließlich von Büffeln.
Auch wir können Fleisch trocknen. Voraussetzung sind genügend Sonne und: saubere Luft. Mit anderen Worten, man begebe sich samt Fleischvorrat, es kann Rindfleisch oder Wildbret sein, auf einen der höchsten Berge der Alpen oder des Südschwarzwalds oder der Vogesen, baue dort seine Gestelle auf oder spanne die Riemen und hoffe auf viel Sonne. Ist der Urlaub lang genug und Petrus besonders wohlgesonnen, kann es gelingen.
Für eiligere Fälle jedoch nenne ich eine ebenfalls indianische, aber wesentlich weniger zeitraubende Methode.

# Getrocknetes Fleisch

**Das brauchen Sie:**

Eine beliebige Menge Fleisch von Rind, Hammel, Reh oder Hirsch und ein scharfes Messer.

**Das müssen Sie tun:**

Fleisch quer zur Faser in schmale Streifen schneiden, etwa 1 cm dick und bis 30 bis 40 cm lang. Bei windstillem Wetter über ein Gestell (Dreibein aus frischen Ästen, siehe Zeichnung) hängen und 3 bis 6 Stunden über dem Feuer trocknen. Dabei zwei- oder dreimal umwenden.

**Das sollten Sie beachten:**

Feuer nicht ausgehen lassen, dabei immer nur wenig Holz nachlegen. Das Fleisch darf nicht so nahe an der Flamme sein, daß es brät.
Wer seinen Buben die Freude machen will, echtes Indianerfleisch zu essen, aber weder Garten noch Zeit zum Trocknen hat, der lasse sich bei seinem Metzger einige Fleischstreifen räuchern. Das ist zwar nur ein Notbehelf, aber kein schlechter. Das Fleisch beißt man natürlich vom Stück ab.

**Dazu gibt es:**

Brot, frische Tomaten und rohe Gurken. Auch Radieschen, Rettich oder eingelegte Kürbisse sind geeignet.

## Sommerlicher Nachtisch

Zu der Zeit, in der der Deutsche ›Karl‹ nach Nordamerika kam und dort zum ›Charly‹ wurde, war die westliche Zivilisation schon tief in das riesige Land vorgedrungen. Es gab Eisenbahnlinien und richtige Städte. Die Einwohner hatten für ihre Speisezettel bereits vielerlei Importwaren zur Verfügung.
 Als der junge Charly bei einer deutschen Familie in St. Louis am Mississippi Hauslehrer war, brauchte er also über karge Mahlzeiten bestimmt nicht zu klagen.
So erinnert er sich an ein Festmahl im Haus des Büchsenmachers Mr. Henry, an dem auch der Westmann Sam Hawkens teilnahm. Im Speisezimmer ertappte Charly das Töchterchen des Hauses, die fünfjährige Emmy: »Sie hatte sich allein in dem Raum befunden und den Finger naschhafterweise ins Beerenkompott gesteckt.« (GW 7)
Das ist die einzige Angabe, die wir von diesem bestimmt reichhaltigen Dinner bekommen. Offensichtlich war Charly von der Aussicht, in den Wilden Westen, in das Land der Abenteuer und der Indianer aufbrechen zu dürfen, so fasziniert, daß er alles andere vergaß – ausgenommen eben das Beerenkompott.
So einen köstlichen Nachtisch sollten auch Sie einmal probieren. Nach einem Rezept, an dem sich schon zu der Zeit, als Old Shatterhand noch das namenlose ›Greenhorn‹ Charly war, die Amerikaner der großen Städte gütlich taten.

# Beerenkompott ›Emmys Versuchung‹

**Das brauchen Sie:**

Jeweils eine große Tasse Heidelbeeren, gewürfelte Pfirsiche, kleingewürfelte Birne und kleine Erdbeeren, je eine halbe Tasse Wasser und flüssigen Honig, 1 EL Zitronensaft, 1/2 TL geriebene Zitronenschale, je 1 Messerspitze Zimt und Muskatnuß, beide gemahlen.

**Das müssen Sie tun:**

Alle Früchte und Fruchtstücke in eine Schüssel geben und vorsichtig vermischen.
Wasser mit Honig kräftig verrühren. Zitronensaft, Zitronenschale, Zimt und Muskatnuß zugeben. Alles zusammen aufkochen und dann etwa 10 Minuten ziehen lassen.
Nach dem Abkühlen über die Früchte gießen, vorsichtig durchheben und gut kühlen.
In Schälchen oder Eisbechern servieren.

**Das sollten Sie beachten:**

Am besten schmeckt dieses Kompott natürlich, wenn man es aus frischen, vollreifen Früchten zubereitet. Es geht jedoch sehr gut auch mit konservierten Pfirsichen und Birnen. Zur Not kann man sich bei Heidelbeeren und Erdbeeren mit tiefgekühlter Ware behelfen. Ein Klecks Schlagsahne macht sich geschmacklich und als Garnierung sehr gut.
In den USA verwendet man für dieses Kompott meistens Mais-Sirup, den ich, weil er bei uns nur schwer zu finden ist, durch Honig ersetzt habe.

**Dazu gibt es:**

Löffelbisquits, Hohlhippen oder feines Gebäck, wenn man ein besonders vollständiges Dessert servieren will. Man kann dieses Kompott auch ohne jede Beigabe verzehren. Dem Geschmack tut das keinen Abbruch, für Kalorienzähler ist es von Vorteil.

# Von Kolibris umschwirrt

Mitten im öden Llano Estacado fand ein denkwürdiges Treffen statt. Old Shatterhand, Winnetou, Old Surehand, der König der Cowboys Old Wabble sowie Webster und Hawley hielten Kriegsrat in der Hütte von Bloody-Fox, die dieser, der ›Rachegeist‹ (Avenging-Ghost) des Estacado, sich als Zuflucht und geheimen Stützpunkt inmitten der Wüstenei geschaffen hatte.

»Das Häuschen selbst war nicht groß ... Alle vier Seiten wurden ebenso wie das ganze Dach vollständig eingehüllt von den Ranken, Blättern und Blüten der weißen rotfädigen Passionsblume. An mehreren in der Entwicklung vorgerückten Stellen sah man schon die gelben, süßen, dem Hühnerei gleichenden Früchte aus der Fülle der gelappten Blätter hervorleuchten. An anderer Stelle, wo die Blüten noch nicht verwelkt waren, schwirrten winzige Kolibris von Blume zu Blume«, so wird uns diese Idylle beschrieben (GW 14). Eine sehr genaue Beschreibung: Die Passionsfrucht trägt tatsächlich sehr oft Blüten und Früchte am selben Zweig.

Damals konnten sich selbst Fürsten den Genuß der Passionsfrucht kaum leisten. Auch heute sind frische Früchte nicht immer und überall zu haben, doch gibt es in jedem guten Delikatessengeschäft Passionsfrucht-Sirup, der oft auch den Namen Maracuja trägt. Und in Spirituosengeschäften kann man ein exotisches Fruchtsaftgetränk mit dem Namen ›Känguruh‹ finden, das aus dem Saft der Passionsfrucht oder Maracuja hergestellt ist.

Uns macht es also keine Schwierigkeiten, ein köstliches Dessert zuzubereiten, das Mutter Sanna, eine Negermammi, die die Hütte im Llano Estacado betreute, bestimmt auch Bloody-Fox und seinen Gästen vorgesetzt hat.

# Passionsfruchtcreme ›Mammi Sanna‹

**Das brauchen Sie:**

Gut ¼ l ›Känguruh‹, Abrieb ½ Zitrone, 1 EL Zucker, 30–40 g Stärkemehl, Saft von 1 Zitrone, 3 Eier, eventuell noch etwas Zucker zum Abschmecken.

**Das müssen Sie tun:**

Von dem ›Känguruh‹ einige EL abnehmen und beiseite stellen. Die restliche Flüssigkeit mit abgeriebener Zitronenschale und 1 EL Zucker verrühren und zum Kochen bringen. Das Stärkemehl mit wenig kaltem Wasser anrühren, in die Flüssigkeit geben. Unter ständigem Rühren so lange aufkochen, bis die Speise dick wird.
In einer Schüssel 2 Eigelb mit dem Zitronensaft cremig schlagen. Etwas von der heißen Flüssigkeit daruntermischen, dann die Eiercreme in den Topf gießen. Kräftig mit dem Schneebesen rühren, aber nicht mehr zum Kochen kommen lassen. Wenn die Creme abgekühlt ist, die beiseite gestellte kleine Menge ›Känguruh‹ darin verrühren. Die Eiweiß zu steifem Schnee schlagen und unter die kalt gewordene Creme heben. Eventuell nachzuckern.
In Portions-Schälchen füllen und gut kühlen.

**Das sollten Sie beachten:**

An Stelle des ›Känguruh‹ können Sie auch Passionsfruchtsirup (ohne Alkohol) aufkochen. Erst wenn die fertige Creme abzukühlen beginnt, rührt man einige Eßlöffel ›Känguruh‹ dazu.
Wer das Glück hat, frische Passionsfrüchte zu finden, der sollte diese halbieren, das Innere herauslöffeln und zu der Creme geben. Die Schalen sind ungenießbar.

**Dazu gibt es:**

Makronen oder leicht angeröstete Mandeln, gesondert gereicht oder als Garnierung.

## Stacheliger Nachtisch

Im südöstlichen Grenzgebiet Neu-Mexikos nach Texas hin befand sich eine der gefährlichsten Gegenden des amerikanischen Westens. In einem geschützten Talkessel warteten dort der berühmte Bärenjäger Baumann und sein Sohn auf Winnetou und Old Shatterhand. Sechs andere Reisende gesellten sich ihnen zu.
»In der Nähe des Felsenhintergrunds standen zwei bis fünf Meter hohe Gebilde, die riesigen Kronleuchtern glichen. Ihre steil emporgerichteten Arme trugen zahlreiche feigenartige Knollen. Das war eine Ansiedlung des Säulenkaktus, dessen feigenähnliche Früchte gegessen werden können.«
(GW 35)
Das wurde der Nachtisch der Westmänner. Als die ersten Kaktusfeigen dann verzehrt waren und der Sohn des Bärenjägers ging, um neue zu holen, bot sich ihm ein gespenstischer Anblick. »Wo die Kakteen standen, sah man zahlreiche Flammenbüschel, die in eigentümlich bleichem, farblosem Licht erglänzten. Jeder dieser Pflanzenkandelaber trug mehrere solcher Büschel. Das ist Kisniri-bisarzhe-ko, die Flämmchen des Großen Geistes, die er anbrennt, wenn er seine Kinder warnen will.«
Der Kaktusfeigen-Nachtisch bestand damals natürlich nur aus den rohen Früchten, die man schälte und in Streifen schnitt. Heute kann man Kaktusfeigen im Spätherbst und Winter auch bei uns kaufen. Sie müssen außen gelb oder rot sein, sonst sind sie ungenießbar. Ihr Fruchtfleisch hat eine wäßrige Konsistenz, so etwa wie das der Gurken. Aber es ist nicht übersüß wie das anderer Tropenfrüchte.
Auf jeden Fall sollte man Kaktusfeigen mit Hilfe von dicken Arbeitshandschuhen oder einer zusammengelegten Serviette vorsichtig schälen, ehe man sie zu Tisch bringt: Die Stacheln piksen sehr unangenehm.
Ich verrate Ihnen ein exquisites Rezept für eine Nachspeise, die Ihre Freunde garantiert noch nie gegessen haben.

# Kaktusfeigen ›Kisniri-bisarzhe-ko‹

**Das brauchen Sie:**

4 Eier, 100 g Zucker, 1 1/2 TL gemahlene Gelatine (4 Blatt), 10 EL Gewürztraminer oder Sherry, 1 EL Zitronensaft, 6 Kaktusfeigen, einige angeröstete Mandeln.

**Das müssen Sie tun:**

Eigelb mit dem Zucker schaumig schlagen. Gelatine in 2 EL Wein quellen lassen, dann im restlichen Wein, der zusammen mit dem Zitronensaft erhitzt wurde, auflösen.
Früchte schälen, in Stücke schneiden und mit dem Eigelb-Schaum vermischen. Gelatine damit verrühren. Sobald die Masse zu stocken beginnt, die zu steifem Schnee geschlagenen Eiweiße darunter heben.
In den Kühlschrank stellen und mit Mandeln bestreut servieren.

**Das sollten Sie beachten:**

Die Kaktusfeigen haben eine doppelte Schale und sind von mehreren harten Kernen durchsetzt, die Sie entfernen können, aber nicht müssen.
Die Nachspeise kann in einer großen Schale zu Tisch gebracht werden. Schöner ist jedoch, wenn man sie in einzelnen Schälchen oder in Kelchen serviert. Man kann sie auch stürzen.
Vorsicht! Das Fruchtfleisch der Kaktusfeigen hat eine leicht laxative Wirkung.

**Dazu gibt es:**

Löffelbisquits oder Feingebäck.

# John Dunkers Lieblingsdrink

Von Speise allein kann der Mensch nicht leben, er muß auch trinken. Klares frisches Quellwasser stand Winnetou und Old Shatterhand fast überall noch zur Verfügung. Indianer und Westmänner konnten sich täglich daran laben. Wir wissen heute gutes Wasser besonders zu schätzen, mußten wir uns doch längst ans Chlor gewöhnen.
Obwohl besagte Zutat damals noch nirgends den Geschmack des Wassers beeinträchtigte, standen einem richtigen Westmann manchmal Sinn und Kehle nach kräftigeren Genüssen. Zum Beispiel auch dem berühmten Scout von General Grant, John Dunker. Er erzählte Winnetou und Old Shatterhand: »Also, ich saß da in Fort Belknap bei einem Glas Mint-julep – sage Euch, das ist der köstlichste Julep, den es gibt – und überlegte dabei, wohin ich meine Füße von dort aus richten sollte ... Ein Mann kam herein, setzte sich an den nächsten Tisch und sah sich um wie einer, der nicht weiß, was er trinken soll. Natürlich riet ich ihm, sich Mint-julep geben zu lassen.« (GW 22)
Sich und Ihren Freunden gelegentlich einen Mint-Julep selbst zu mischen, kann ich Ihnen nur empfehlen. Besonders an einem heißen Sommertag. Nicht von ungefähr ist dieses Getränk in den Südstaaten der USA noch heute besonders beliebt. Dabei kommt es aus einem ganz anderen Teil der Welt: aus Persien und Arabien. Vermutlich haben es die Araber nach Spanien gebracht, die Spanier brachten es dann in die Neue Welt. Ich will es nun, via Karl May sozusagen, auf Ihren Balkon bringen.

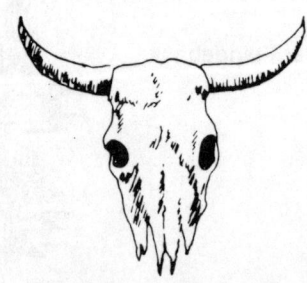

## Mint-Julep (gesprochen: Mint Dschúlip)

**Das brauchen Sie:** (je Glas)

Frische Pfefferminzblätter, Zuckerwasser aus 1 TL Zucker und 1 EL Wasser, zerschlagenes Eis, Bourbon Whiskey.

**Das müssen Sie tun:**

Einige Pfefferminzblätter zerreiben und in ein hohes, schmales Glas geben. Zuckerwasser hineinschütten. Zu ²/₃ der Höhe mit zerschlagenem Eis füllen, dann zwei Schnapsgläser Bourbon Whiskey zugießen. Umrühren. Noch etwas zerschlagenes Eis zufügen, damit das Glas bis obenhin mit Eis gefüllt ist. Ein Zweiglein Minze zur Dekoration in das Eis stecken. Mit Saughalm servieren.

**Das sollten Sie beachten:**

In Amerika hat man spezielle Julep-Gläser, die oben etwas auseinandergehen. Sie können sehr gut hohe Limonadengläser verwenden oder auch die sogenannten Highballgläser, also schmale Stangen, wie man sie auch für Whisky Soda verwendet.
Da das Getränk sehr kalt sein soll, stellt man die Gläser am besten vorher eine Stunde ins Tiefgefrierfach. Der dadurch entstehende Rauhreif sieht besonders schön aus.

**Dazu gibt es:**

Natürlich gesalzenes Pop-corn.

# Doña Elviras Lieblingsgetränk

»Haben Sie noch keine Schokolade getrunken?«, fragte Senorita Felisa Old Shatterhand und schlug vor Erstaunen die Hände zusammen. Das war in einem Hotel in Guaymas, einem armseligen Ort in Mexiko. Zwar nannte es sich stolz ›Meson de Madrid‹, doch muß vermerkt werden, daß das letzte der drei Wörter auf dem Schild über dem Eingang nicht mehr zu lesen war. Entsprechend war auch die Qualität der dort servierten Schokolade. Old Shatterhand kostete sie nichtsahnend und: »Ich kostete, kostete wieder und kostete abermals, bis meine Zunge mir sagte, daß ich es mit einer Mischung von Wasser, Honig und verbranntem Mehl zu tun hatte.« (GW 20)
Dieses ›einzigartige‹ Getränk gab es zum Frühstück, zum Mittagessen und zum Abendbrot. Das Geheimnis seiner angeblichen Zusammensetzung haben Sie erfahren. Jetzt können Sie den Trank, wenn Sie Mut haben, selber kochen. Wollen Sie ihn ganz echt nach Art des ›Meson de Madrid‹ zubereiten, so müssen Sie allerdings noch eine Kleinigkeit beachten, die auch Old Shatterhand erst später erfuhr: daß nämlich die liebliche Wirtin Doña Elvira »das Getränk mit demselben Wasser bereitete, womit sie ihre zarten Finger und ihr reizendes Gesicht gewaschen hatte«. Jawohl, so sparsam war die Gute.
Wie? Ihnen ist endgültig die Lust an dieser Schokolade vergangen? Aber nein, wagen Sie es ruhig, eine echt mexikanische Schokolade zu trinken! Sie ist ausgezeichnet. Und das Rezept ist sehr einfach.

# Mexikanische Schokolade

**Das brauchen Sie:**

150g Blockschokolade, 1 l Milch.

**Das müssen Sie tun:**

Die Schokolade raspeln und zusammen mit der Milch in einen Topf geben.
Über mäßiger Hitze langsam heiß werden lassen. Dabei zunächst so lange rühren, bis sich die Schokolade aufgelöst hat. Zum Schluß mit einem elektrischen Rührbesen (oder mit der Hand) so kräftig schlagen, daß die Schokolade schaumig wird. Nicht kochen!
Sehr heiß und in großen Tassen servieren, wie in Frankreich beim Frühstückskaffee.

**Das sollten Sie beachten:**

Süßmäuler können noch etwas Zucker zusammen mit der geraspelten Schokolade in die Milch geben. Unbedingt einen hohen Topf benutzen: Die beste Trinkschokolade erfreut die Hausfrau nicht mehr, wenn sie an die Wand der Küche gespritzt ist.

**Dazu gibt es:**

Butterbrot, Kleingebäck oder Kuchen. Wer ganz stilecht sein will, der serviere dazu kleine, warme Maisküchlein.
Ohne jede Beigabe ist diese Schokolade auch ein großartiges Getränk vor dem Schlafengehen. Jeder Engländer wird es ihnen bestätigen.

# Ein Bier für Winnetou

Draußen tobt der Sturm, in der Kantine von Firwood-Camp ist die Luft stickig und vom Branntweindunst geschwängert. Chinesische und weiße Bauarbeiter drängen sich um den Schanktisch, Lärm erfüllt den engen Raum. Aber auch Sorge steht so manchem im Gesicht: Die Komantschen sollen das Kriegsbeil ausgegraben haben, beim Lager der Bahnarbeiter sind fremde Spuren gefunden worden.
Nur Winnetou erkennt sofort die zwielichtige Rolle, die ein Mestize spielt, den der leitende Ingenieur als Lagerscout angestellt hat, um für die Sicherheit des Lagers zu sorgen. Doch noch läßt sich der Häuptling nichts anmerken. In aller Ruhe trinkt er, der jede Art von Alkohol verachtet, ein Glas Ingwerbier. (GW 38)
Was hat es mit diesem seltsamen Getränk auf sich, das man heute noch in den Vereinigten Staaten selbst im kleinsten Laden erhält? Es ist außerordentlich erfrischend. Als ›Ginger Ale‹ (gesprochen: dschinscher ääl) kann man es auch bei uns erhalten. Wenn auch nicht überall.
Aber wir können Ingwerbier selbst brauen. Und nicht nur Ihnen und Ihren Gästen, sondern auch Ihren Kindern und deren Freunden, wird dieses einzige ›Bier‹ munden, das auch Winnetou versuchte.

# Hausgebrautes Ingwerbier

**Das brauchen Sie:**

1 kleines Stückchen Ingwerwurzel (ca. 4 cm lang), Schale einer Zitrone, gut 100 g Zucker, Saft von 2 Zitronen, 1 TL Trockenhefe, 5 EL gut handwarmes Wasser und 1 l kochendes Wasser.

**Das müssen Sie tun:**

Ingwerwurzel schälen und im Mörser oder mit einer Flasche zerquetschen. Die Zitronenschale von der weißen Innenhaut befreien und in breite Streifen schneiden. Zerquetschte Ingwerwurzel, Zitronenschale und Zucker in eine große Steingut- oder Glas-Schüssel geben und mit 1 l kochendem Wasser übergießen.
In einer Tasse die Trockenhefe mit den 5 EL lauwarmem Wasser übergießen, nach wenigen Minuten umrühren und etwa eine Viertelstunde an einem warmen Platz stehenlassen, bis die Hefe aufgegangen ist. Dann in die abgekühlte Ingwer-Zitrone-Zucker-Mischung schütten und kräftig umrühren.
Bei warmer Zimmertemperatur etwa eine Woche zugedeckt stehen- und gärenlassen. Dabei einige Male umrühren.
Schließlich durch einen Trichter, den man mit einer doppelten Lage Mull ausgelegt hat, in Flaschen füllen und diese fest verschließen. Noch 4 Tage bei Zimmertemperatur ruhig stehenlassen, dann im Kühlschrank kaltstellen.

**Das sollten Sie beachten:**

Ingwerwurzeln bekommt man in guten Gemüsegeschäften oder auch bei Delikatessenhändlern sowie in großen Kaufhäusern, die ostasiatische Zutaten führen.
Sollte die Hefe nach 5 Minuten nicht aufgequollen sein, so macht man mit einem zweiten Päckchen Trockenhefe einen neuen Ansatz.

**Dazu gibt es:**

Unbedingt Eiswürfel ins Glas. Viele Amerikaner mixen etwas Whiskey (Bourbon) oder Whisky (Scotch) oder Gin ins Ingwerbier.

## Die Ernte der Yerbateros

Wer in Südamerika reiste, der kannte den einheimischen Tee, den Mate. Bereits in den zwanziger Jahren hat sich dieses Getränk auch in Deutschland viele Freunde erworben, scheint jetzt jedoch wieder mehr in den Hintergrund getreten zu sein, obwohl man Mate-Tee in jedem Reformhaus kaufen kann.
Es handelt sich dabei um die Blätter einer Stechpalmenart, die aus Brasilien und Paraguay kommen. Heute werden sie schon in Plantagen angebaut. Früher mußten sie auf abenteuerliche Weise von den Yerbateros aus dem Urwald geholt werden.
»Man sammelt diejenigen kleinen Zweige, die viele Blätter und junge Schößlinge besitzen, schneidet sie und trägt sie in den Ponchos zweimal täglich zur Hütte. Ist eine hinreichende Menge Yerbazweige vorhanden, und sind genug Ochsen geschlachtet, deren Felle als Verpackung dienen, so wird in der Nähe der Hütte ein hohes Gestell errichtet, unter dem die Erde so hart und fest wie möglich geschlagen wird. Auf dieses Gerüst legt man die gesammelten Zweige und brennt darunter ein Feuer an, das die Zweige leicht anrösten läßt. Ist das geschehen, so wird die Asche entfernt, und man nimmt die Yerba vom Gerüst, um sie auf dem heißen Erdboden vollends zu dörren, damit sie die nötige Sprödigkeit erhält, um schließlich zu Pulver zerrieben werden zu können. Das erreicht man, indem man sie mit Stöckchen tüchtig klopft.« So erzählte der Yerbatero Monteso von seiner Arbeit. (GW 12)
Ich kann Ihnen noch zusätzlich sagen, daß man das Feuer unter den Blättern mit einem ganz bestimmten Holz unterhält, mit Myrtaceen-Reisig, um die besten Mate-Qualitäten zu bekommen.
Original wird Mate-Tee nicht ›getrunken‹, sondern mit langen dünnen Bambusröhrchen aus tassengroßen Kürbissen gesaugt, die vorher ausgehöhlt und steinhart getrocknet wurden.

## Mate-Tee

**Das brauchen Sie:**

Gut ½ l Wasser, 1 gehäuften EL Mate-Tee, eventuell noch Zucker, Honig oder Zitrone.

**Das müssen Sie tun:**

Das Wasser zum Kochen bringen und in eine angewärmte Kanne gießen, in der sich die Teeblätter befinden. Etwa fünf Minuten ziehen lassen.
Heiß, lauwarm oder kalt trinken.
Jeweils nach persönlichem Geschmacksempfinden Zucker, Honig und/oder Zitrone zusetzen.

**Das sollten Sie beachten:**

Mate-Tee ist ausgesprochen erfrischend. Ich schätze ihn warm, so schmeckt er mir besser als heiß oder eisgekühlt; auch gebe ich nichts dazu, weder Zucker noch Zitrone.
Mate-Tee enthält fast so viel Coffein wie Bohnenkaffee, nämlich zwischen 0,5 und 1,5 %. Dazu kommt ein Gerbstoffgehalt von 4–10 %. Doch regt Mate-Tee viel weniger auf als Kaffee, weil sein Coffein an die Gerbsäure gebunden ist und dadurch nur teilweise vom Körper aufgenommen wird.
Die beste Qualität heißt ›Caa-cuy‹; sie besteht nur aus jungen Blattknospen.

**Dazu gibt es:**

Alles, was Sie auch zusammen mit schwarzem Tee genießen würden. Wie wäre es, wenn Sie bei einer Einladung Monteso-Plätzchen dazu reichten? Dann hätten Sie ganz stilecht das Getränk der Yerbateros zusammen mit ihrem Gebäck.

## Gebäck aus Montevideo

Ein leckeres Gebäck, das seinen besonderen Geschmack durch die Quittenfüllung erhält. In der Landessprache heißt es Pasteles (gesprochen: pastehles).

Karl May erzählt, daß er an seinem ersten Tag in Montevideo, der Hauptstadt Uruguays, nach einem enttäuschenden Besuch bei dem sehr vornehmen, aber wenig ehrenhaften Senor Tupido den Teesammler Mauricio Monteso zum Kaffee in eine Confiterisa, in eine Konditorei, einlud. Der Yerbatero (Teesammler) »wählte unter den vorhandenen Süßigkeiten mit einer Miene, als habe er seit frühester Jugend in so angenehmen Lokalen verkehrt. Er genoß es mit einer Selbstverständlichkeit einer Dame, der so etwas geläufig ist«. (GW 12)

Nun, genießen auch Sie dieses südamerikanische Gebäck mit Behagen.

# Monteso-Plätzchen

### Das brauchen Sie:

140 g Mehl, 1/2 TL Zucker, 1 Prise Salz, 1/2 TL Backpulver, gut 200 g Butter, 2—4 EL kaltes Wasser, 200 g Quittenpaste oder Quittengelee, Puderzucker.

### Das müssen Sie tun:

Mehl, Zucker, Salz und Backpulver in einer flachen Schüssel miteinander vermischen. Die Butter in Flöckchen teilen und mit der Gabel unter das Mehl drücken. Es entsteht eine krümelige Masse. Dann teelöffelweise Wasser zugeben und so lange mit den Fingerspitzen kneten, bis sich ein Teigball formen läßt. Diesen auf bemehlter Unterlage etwa einen Viertelzentimeter dick ausrollen. Kreise von etwa 10 cm Durchmesser ausstechen; dabei die Teigreste immer wieder verkneten und ausrollen.
Auf die Mitte jeder Scheibe großzügig einen Klecks Quittenpaste geben, die Ränder anfeuchten und den Teig so zusammendrücken, daß Teigtaschen in Form eines Halbkreises entstehen.
Im vorgeheizten Ofen bei etwa 180 Grad so lange auf gefettetem Blech backen, bis das Gebäck hellbraun ist. Das dauert ungefähr eine Viertelstunde. Auf einem Kuchengitter abkühlen lassen und dann mit Puderzucker bestäuben.

### Das sollten Sie beachten:

Besonders dann, wenn Sie Quittengelee verwenden, müssen die Teigränder sehr fest miteinander verbunden werden. Am besten geschieht das mit einer Teigzange. Mit den Zinken einer Gabel erreicht man ebenfalls gute Ergebnisse.

### Dazu gibt es:

Kaffee oder Tee. Natürlich wird in Südamerika — das ja fast Kaffee-Kontinent genannt werden könnte — dem Kaffee der Vorzug gegeben. Er wird dort, mit Ausnahme des Frühstücks, meistens schwarz und stark getrunken.

## Dinner am Rio de la Plata

In den siebziger Jahren des vorigen Jahrhunderts waren die großen Städte Südamerikas erst im Entstehen, sozusagen in einer Phase der Gründerzeit. Staub und Abenteuer bestimmten diese rauhen Tage.
Kein Wunder also, daß unser Reisender aus Deutschland gleich während der ersten Tage seines Aufenthalts in Uruguays Hauptstadt Montevideo einige außergewöhnliche Erlebnisse hatte. Immerhin gewann er dabei die Freundschaft des Teesammlers Monteso, der sich in unserem Buch schon durch ein köstliches Quittengebäck verewigt hat.
Als er mit dem Yerbatero und einigen seiner Freunde zum Abendessen ging, kamen sie im ersten Stock über einer ziemlich wüsten Kneipe »in einen langen, reich ausgestatteten Raum. Einige Lüster verbreiteten beinahe Tageshelle. Die Tische hatten Marmorplatten, Stühle und Sofas waren mit rotem Plüsch überzogen. Kurz und gut, dieser Raum hätte in das feinste Hotel einer europäischen Großstadt gepaßt«. Der Deutsche war baß erstaunt, wie sicher sich seine zerlumpten Freunde, von denen keiner auch nur Schuhe an den Füßen hatte, in diesem Luxus bewegten, und mit welch ausgesuchter Höflichkeit sie behandelt wurden.
Doch dann erst das Essen! ›Es gab außer der Suppe sechs Gänge und zuletzt feines Backwerk und die Früchte dreier Erdteile in Mengen.‹ (GW 12)
Ich will Ihnen aus diesem Menü eine Suppe nennen, die man zwar heute in den europäischen Feinschmeckerlokalen bekommt, aber auch nur dort. Damals war sie weder in Berlin noch in Paris zu haben.

# Avocado-Creme

### Das brauchen Sie:

1 Tasse Hühnerbrühe (aus Würfeln), 2 Tassen zerdrücktes Avocado-Fruchtfleisch, 1 Tasse süße Sahne, 1/2 Tasse saure Sahne, 1/2 Tasse herben Weißwein, 2 TL Zitronensaft, Salz, Pfeffer.

### Das müssen Sie tun:

Heiße Hühnerbrühe mit Avocados vermischen, eventuell noch im Mixer pürieren. Süße Sahne, saure Sahne, Wein und Zitronensaft damit verrühren. Abschmecken mit Salz und Pfeffer. Eiskalt servieren.

### Das sollten Sie beachten:

Avocados sind in guten Gemüsegeschäften das ganze Jahr über zu haben. Wenn sie dem Druck des Daumens nachgeben, sind sie reif. Sie reifen bei Zimmertemperaturen schnell nach. Am besten halbiert man sie, nimmt den Kern heraus, schabt das Fruchtfleisch mit einem Löffel aus und streicht es durch ein Haarsieb.
Bei sehr herbem Wein zur Abrundung des Geschmacks eine ganz kleine Prise Zucker zugeben. Zur Garnierung etwas kleingeschnittenen Dill übertreuen, er paßt geschmacklich ebenfalls gut.

### Dazu gibt es:

Toast oder Kräcker. Man kann auch noch einige kleine Würfelchen aus Avocado-Fruchtfleisch auf die Suppe streuen.

# Südamerikanischer Imbiß

Zu dem vielen Mißgeschick Doktor Morgensterns aus Jüterbog und seines Dieners Fritze Kiesewetter in Südamerika gehörte auch eine Personenverwechslung. Die war allerdings, zumindest am Anfang, ganz angenehm.
In einer entlegenen Garnison wurden die beiden für inkognito reisende Inspekteure gehalten, da Morgenstern einem besonders gefürchteten Oberst zum Verwechseln ähnlich sah. Alle gegenteiligen Beteuerungen halfen nichts. Man redete ihn augenzwinkernd zwar mit ›Herr Zoologe‹ an, war aber überzeugt, den Oberst vor sich zu haben. Und einen inspizierenden Oberst bewirtet man natürlich besonders gut. Vor allem in Südamerika.
Daher »meldete sich ein Unteroffizier zum persönlichen Dienst und trug zugleich Fleisch, Brot, Früchte und Bordeauxwein auf, der am La Plata viel getrunken wird«. Alles so gut, daß Fritze in den Ruf ausbrach: »Det Militär hat doch immer Lebensart!« Quod erat demonstrandum, was zu beweisen wäre, wie der stets lateinische Ausdrücke einstreuende Dr. Morgenstern gesagt haben könnte. (GW 39)
Zu diesem Imbiß gehörten mit Sicherheit auch kleine Teigtaschen mit Fleischfüllung, die in Südamerika so verbreitet und beliebt sind wie bei uns die heißen Würstchen.
Natürlich schmecken Empanadas auch abends oder sogar als Mitternachtsimbiß. Jede Gastgeberin einer Party, die dieses Rezept verwertet, wird heute noch dankbar sein, daß der gute Dr. Morgenstern fälschlich für einen inspizierenden Oberst gehalten und entsprechend bewirtet wurde.

# Empanadas

### Das brauchen Sie:

250 g Steakfleisch, das vom Metzger mit der Maschine in dünne Scheiben geschnitten wurde, 2 EL kleingeschnittene Zwiebel, 2 EL Öl, 2 EL vorgeweichte Rosinen, Rosenpaprika, Salz, Pfeffer aus der Mühle, 2 hartgekochte Eier, einige entkernte grüne Oliven, 2 Pakete Tiefkühl-Blätterteig, etwas Kondensmilch.

### Das müssen Sie tun:

Die Fleischscheiben in Würfelchen schneiden und mit der Zwiebel in Öl anbraten. Vom Feuer nehmen, Rosinen zugeben. Mit Rosenpaprika, Salz und Pfeffer so abschmecken, daß eine gewisse Schärfe zu spüren ist.
Aufgetauten Blätterteig etwas ausrollen und runde Stücke von etwa 12 cm ausstechen (mit einer großen Konservendose). Es entstehen etwa ein Dutzend Teigstücke. Auf jedes einen guten Eßlöffel voll Füllung, ein Achtel Ei und 1 Olive geben. Ränder mit Milch bestreichen, zusammenklappen und gut zusammendrücken. Auf kalt abgespültes Blech setzen, mit Milch bestreichen, bei 200 Grad im vorgeheizten Ofen goldbraun backen.

### Das sollten Sie beachten:

Rinderhack statt Steak erspart etwas Arbeit, schmeckt allerdings nicht ganz so gut. Empanadas ißt man am besten warm. Man kann sie sehr gut einfrieren und aufbacken.

### Dazu gibt es:

Grünen oder gemischten Salat zum kleinen Sommeressen. Wird es als Imbiß gereicht, so trinkt man nur Bier oder Wein dazu.

# Argentinischer Eintopf

Professor Morgenstern, sein Diener Fritze und ein bramarbasierender Einheimischer, der vorgab Chirurg zu sein, zogen durch Argentinien. Da sie sich in den Kopf gesetzt hatten, nicht nur ein Megatherium, ein Riesenfaultier aus der Vorzeit zu finden und auszugraben, sondern ausgerechnet auch noch den Gran Chaco zu durchqueren, mußte auf dieser Reise natürlich so manches schiefgehen, und der gute Professor aus Deutschland hatte nur wenige glückliche Stunden. Eine davon erlebte er schon am Anfang seiner Reise bei einem gastfreien Estanciero, bei dem er und seine Begleiter auch die argentinische Nationalspeise kennenlernten: Puchero.
»Als sie erwachten, ging eben die Sonne auf. Die Gauchos waren schon munter. Über dem Herd brodelte in einem Kessel der Puchero, ein Gemisch von Kochfleisch, Maiskolben, Mandioca, Speck, Kohl und Rüben. Dazu gab es Mate zu trinken.« (GW 39)
Dieses Gericht ist nach dem Gefäß benannt, in dem es gekocht wird. Es stammt aus Spanien und kam von dort nach Südamerika. Es gibt hunderterlei Rezepte dafür. Ich gebe Ihnen ein besonders reichhaltiges, bei dem ich allerdings Mandioca weglasse, weil dieses Wurzelgemüse bei uns kaum zu haben ist. Es schmeckt auch nicht besonders.
Puchero ist für Sie und Ihre Gäste eine erfreuliche Alternative, sich endlich vom ewigen Einerlei der Gulaschsuppen als ›Mitternachtsimbiß‹ zu lösen. Und man kann es bei einem Gartenfest ganz stilecht über offenem Feuer zubereiten oder wenigstens aus einem dort aufgehängten Kessel servieren.

# Puchero

**Das brauchen Sie:** (für 8 bis 10 Personen)

1 kg Rindfleisch zum Kochen, 1 Suppenhuhn, 300 g mageren Speck, am besten gepökelt, 250 g Kichererbsen oder weiße Bohnen, 250 g Mohrrüben, ½ Sellerieknolle, 2 Lauchstangen, 500 g Zucchini (Courgettes), 4 grüne Paprikaschoten, 4 enthäutete Tomaten, 4 geschnittene Kartoffeln, 1 kleinen geschnittenen Weißkohl, 2 in Scheiben geschnittene Zwiebeln, 1 kleine Dose Maiskörner, 3 Nelken, 6 Pimentkörner, 1 kräftige Prise Majoran, 2 Lorbeerblätter, 2 Knoblauchzehen, 300 g Knoblauchwurst (Debreziner).

**Das müssen Sie tun:**

In großem Topf reichlich Wasser, Rindfleisch und Huhn zusammen mit den über Nacht eingeweichten Kichererbsen (Bohnen) eine Stunde kochen. Mohrrüben, Sellerie, Weißkraut, Kartoffeln, Gewürze und Speck zugeben. Nach einer weiteren halben Stunde alle übrigen Zutaten hinzufügen und noch weitere 30 Minuten kochen lassen. Zum Servieren kann man alles Fleisch kleinschneiden und wieder in den Eintopf tun. Schöner ist es, alle fleischigen Zutaten in Scheiben separat zum Gemüse zu reichen.

**Das sollten Sie beachten:**

Die Gewürze in einen kleinen Mullbeutel geben; so kann man sie besser herausfischen. Natürlich darf die eine oder andere Zutat wegfallen oder ersetzt werden. Die Zubereitung des Gerichts im Dampfdrucktopf spart Zeit und Stromkosten.

**Dazu gibt es:**

Brot, in dicke Scheiben geschnitten.

## Gastmahl bei den Tobas

Südamerikanische Wälder und Pampas steckten schon immer voller Geheimnisse und Überraschungen. So fand unser deutscher Reisender an der Laguna de Carapa beim Indianerstamm der Tobas ein junges Mädchen namens Unica als oberste Herrscherin. Ein alter Europäer, den sie zärtlich Oheim nannte, war weithin als ›el viejo Desierto‹ bekannt, als der alte Einsiedler. Nach anfänglichen Schwierigkeiten konnte der Reisende das Vertrauen der Tobas gewinnen, und sie glaubten ihm, daß er nur gekommen war, um sie vor einem gefährlichen Überfall zu warnen.
Es fand dann eine merkwürdige Parade statt, an der auch die ›Amazonengarde‹ Unicas teilnahm, mit Blasrohren und Bogen bewaffnet.
Anschließend wurde vor dem Haus der Indianerherrscherin für den Gast und seinen Begleiter gedeckt.
»Auf einem langen, roh gezimmerten Tisch standen große Tonschalen mit riesigen, dampfenden Fleischmassen, und in kleinen Schalen befanden sich Früchte und allerlei Gemüse, die nicht übel zubereitet waren... Wir nahmen Platz und ließen es uns schmecken, während die Bevölkerung uns zusah. Dabei ging die Leibwache würdevoll auf und ab. Der Trommler ließ seine Künste hören, und bald gesellten sich noch andere Jünger der edlen Musik zu ihm, die einen Lärm vollführten, bei dem mir fast die Zähne locker wurden.« (GW 13)
Also ein echtes Schauessen, wie es einst im Mittelalter die Fürsten Europas veranstalteten und wie es sich an der Laguna noch erhalten hatte. Da der alte Desierto die Indianer allerlei europäische Kunstfertigkeiten gelehrt hatte, brachte er ihnen auch eine Fleischzubereitung bei, die europäische Rouladen in südamerikanische Dimensionen steigerte.
Das wäre auch ein Festbraten für Sie. Am besten im Kreis froher und ›abenteuerlich‹ gestimmter Gäste.

# Roulade à la Unica

**Das brauchen Sie:**

1 Schmorbratenscheibe von etwa 800 g Gewicht und möglichst nicht dicker als 1½ cm, 2 EL Essig, 2 Knoblauchzehen, 1 TL Oregano oder Majoran, 250 g Spinat, 1 Zwiebel in Scheiben geschnitten, 3–4 vorgekochte Möhren in Scheiben, 2 hartgekochte Eier, Salz, Pfeffer, Cayennepfeffer, 3 EL kleingeschnittene Petersilie, etwa ¾ l Würfelbrühe, Butter, Mehl.

**Das müssen Sie tun:**

Das Fleisch mit Essig beträufeln, mit zerdrücktem Knoblauch und Oregano bestreuen, zusammenklappen, über Nacht in den Kühlschrank stellen. Spinat waschen und putzen, dann tropfnaß auf der gewürzten Fleischseite ausbreiten, Zwiebeln darüber, Möhren- und Eischeiben darauf. Würzen mit Salz, Pfeffer, Cayennepfeffer bei jeder neuen Lage. Zum Schluß auf die Eischeiben noch die Petersilie streuen. Fleisch einrollen, mit ungeleimtem Faden fest verschnüren. In die heiße Würfelbrühe geben, gut zudecken, in einer guten Stunde garen. Aus der Brühe mit einer Einbrenne aus Butter und Mehl eine helle Sauce machen.

**Das sollten Sie beachten:**

Unbedingt mit Ihrem Metzger sprechen, damit er Ihnen eine große Fleischscheibe schneidet. Die Roulade, ohne Sauce, schmeckt auch kalt.

**Dazu gibt es:**

Als warme Mahlzeit: Kartoffeln, gemischten Salat.
Als kaltes Gericht: Brot und Butter.

## Das Rumpsteak unter dem Sattel

Wer hat sich nicht schon über ein zähes Steak geärgert? Und, Hand aufs Herz!, dann nicht der guten alten Zeit gedacht, als Winnetou und seine roten Brüder ihre Steaks einfach unter den Sattel schoben, tagsüber darauf herumritten und abends ein butterzartes Stück Fleisch genießen konnten? Sogar bei einem riesigen und sicher nicht mehr allzu jungen Grizzlybären soll diese Methode gewirkt haben: »Das Fleisch legte man unter die Sättel. Hier wurde es dann durch das Reiten so weich und gar, daß es am Abend verspeist werden konnte. Einem europäischen Feinschmecker würde freilich eine solche Zubereitung nicht sehr zuträglich erscheinen.« (GW 35)
In der Tat erscheint uns diese Fleisch-Zubereitungsart, oder richtiger: Vorbereitungsart, so wenig zuträglich, daß ich niemanden kenne, der sie je ausprobiert hat. Dabei spukt sie seit vielen Jahrhunderten in unseren Köpfen herum. Schon bei den Hunneneinfällen wollen Mitteleuropäer mit Entsetzen gesehen haben, daß die Reiter aus den Steppen Asiens Fleisch unter den Sätteln weich ritten.
Fachleute bestreiten indes ganz entschieden, daß sich unter dem Sattel mechanische oder chemische Vorgänge abspielen können, die ein zähes Fleisch mürbe machen. Alles nur Fabel vom Steak unterm Indianersattel? Nicht unbedingt. Ich glaube, eine interessante Erklärung gefunden zu haben: Der österreichische Forscher Krist durchstreifte Anfang der zwanziger Jahre Südostasien. Ausführlich berichtet er, wie die Kirgisen Fleischstücke unter ihre Sättel legen. Aber nicht, um sie weich zu reiten, sondern als anscheinend bestes Mittel, um Druck- und Scheuerwunden auf den Rücken der Pferde zu heilen. Sollten das auch die Indianer getan haben?
Bestreichen wir also unsere Steaks weiterhin mit Öl, packen sie fein säuberlich in Folie und legen sie zwei oder drei Tage in den Kühlschrank, damit sie zart werden. Die Steak-Reiterei lassen wir besser bleiben!

# Rezepte aus dem Reiche der Kalifen

## Zu Gast bei Türken, Kurden, Beduinen

Alle Rezepte sind, wenn nicht anders vermerkt, für 4 Personen bestimmt.

## Eine Fülle kleiner Leckerbissen

Die Küchen der verschiedenen Länder und Völker haben ihre voneinander abweichenden Eigenarten durch unterschiedliche Rohstoffe, Gewürze und Garmethoden. Aber auch die Eßgewohnheiten sind überall anders. Mit Eßgewohnheiten meine ich hier nicht die ›Tischsitten‹, sondern die Zusammenstellung der Speisen, die Art, in der sie angeboten werden.
In dieser Hinsicht zeichnet sich die Küche der arabischen Länder vor allem durch die Vielfalt und Vielzahl ihrer Vorspeisen aus. Oft sind sie gar keine ›Vorgerichte‹, sondern machen das ganze Speiseangebot aus. Man nennt sie folglich richtiger ›kleine Leckerbissen‹.
Köstlich sind sie alle, keineswegs immer scharf. Es gibt unglaublich viele Geschmacksnuancen dabei.
Die arabischen Leckereien werden unter dem Namen ›Meze‹ (Betonung auf dem zweiten e) zusammengefaßt. Kara Ben Nemsi nennt zuweilen ein Dialektwort dafür. So zum Beispiel, wenn er schreibt: »Neben mir lag eine silberne Taba (tellerartige Pfanne), die kaltes Fleisch, gesäuertes Brot und allerlei Masi enthielt.« (GW 3) Das war mitten in den kurdischen Bergen, und arabische Wörter werden überall in dem weiten Land unterschiedlich ausgesprochen.
Die mittelöstlichen Meze (oder Masi) sind tatsächlich weit mehr als nur Speise, sie sind fast eine Weltanschauung, ein Weg, um das Zusammenleben der Menschen angenehmer zu machen. Gerade auch unsere neuen Formen der Geselligkeit, zum Beispiel, daß man kaum mehr große Dinners gibt, sondern kleine Häppchen herumreicht oder auf Büffets anbietet, geben den Meze eine ganz große ›mitteleuropäische‹ Chance.
Greifen Sie also rasch zu, bedienen Sie sich der folgenden kleinen Rezeptauswahl, damit Sie unter den ersten sind bei der kommenden Meze-Mode – frei nach Kara Ben Nemsi!

# Auberginen-Püree-Meze

**Das brauchen Sie:**

4 Auberginen, 3 Paprikaschoten, Salz, 1 Knoblauchzehe, 2–3 EL Essig, ca. ¼ l Olivenöl, 2 Tomaten, 8 schwarze Oliven.

**Das müssen Sie tun:**

Auberginen und Paprikaschoten ohne Fett auf der Herdplatte so lange rösten, bis sie außen ringsum dunkelbraun bis schwarz sind. In Alu-Folie einpacken und mit einer ganzen Zeitung umwickeln, damit sie etwa 1 Stunde nachgaren können. Dann die verkohlte Haut mit den Fingern, am besten neben dem fließenden Wasser, gänzlich abziehen. Kerne der Paprikaschoten dabei entfernen. Gemüse dann mit einem Schneideboy oder Wiegemesser gut zerkleinern. Zerdrückte Knoblauchzehe, Salz, Essig dazu und den Brei kräftig rühren. Dabei ganz langsam, wie bei Mayonnaise, Öl zugeben. Brei auf einer Platte ausstreichen und mit Tomaten und Oliven garnieren.

**Das sollten Sie beachten:**

Auf keinen Fall pürieren, dann wird der Brei zu fein.
Anrösten kann man auch in einer Pfanne oder unter dem Grill. Der Brei muß nachher ganz hellgrün werden. Alle Meze müssen besonders ansprechend dekoriert werden. Man umgibt deshalb das Auberginenpüree auch oft noch mit einem Kranz von gehackter Petersilie.

**Dazu gibt es:**

Fladen- oder Weißbrot.

# Ein Kalifen-Büffet

Wäre das nicht einmal eine neue Party-Idee – auch bei Ihnen zu Haus – Motto: Im Palast des Kalifen?
Zum ›Kalifen-Büfett‹ begrüßen Sie würdevoll und in blumenreicher Sprache Ihre Gäste. Sie überreden Sie zu den besten Bissen auf der orientalisch-bunt dekorierten Tafel, und Sie preisen sich glücklich, wenn es ihnen mundet.
Lesen Sie vorher auch, was auf den Seiten 120, 122, 146 und 160 über arabische Essensbräuche gesagt ist. Sehr eignen sich für ein Kalifen-Büffet (siehe Register):

> Pikante Gurkenkaltschale
> Bohnensalat ›Fatma‹
> Eingelegte Melonen
> Kebab nach Art der Haddedihn
> Pürierter Bohnensalat
> Fleischbällchen ›Fatma‹
> Linsen Haushofmeisterart
> Karotten Damaszener Art
> Bohnenküchlein Falafel
> Kalter gekochter Fisch mit
> El-Baghdadi-Sauce
> Arabisches Fladenbrot

Und natürlich Süßspeisen:

> Halwa nach Haremsart
> Ägyptisches Gebäck
> Kanufa-Nudeln

Als Getränke sollte es unbedingt geben:

> Airan
> Scherbet
> und danach Türkischen Kaffee

Wer kein Fladenbrot backen will, der kann auch Weißbrot, Brötchen oder Mohnbrötchen bereitstellen.

# Gefüllte-Weinblätter-Meze

**Das brauchen Sie:**

250 g gehacktes Kalbfleisch, 1 kleingeschnittene Zwiebel, 3 EL Öl, 2 Tassen gekochten Reis, Salz, Pfeffer, Rosenpaprika, 1/2 TL gerebbelte Pfefferminzblätter, 1 EL geschnittenen Dill, 2 Dosen eingelegte Weinblätter, 1 Tasse Würfelbrühe, Saft einer Zitrone.

**Das müssen Sie tun:**

Hackfleisch mit Zwiebeln in Öl anbraten, Reis zugeben und damit vermischen. Dabei würzen mit Salz, Pfeffer, Paprika, Minze und Dill.
Weinblätter einzeln ausbreiten, matte Unterseite nach oben. In der Nähe des Stilansatzes einen Klecks Füllung aufsetzen, Seiten des Blattes darüber schlagen und es dann vom Stilansatz nach außen hin aufrollen.
Mehrere Blätter auf den Boden eines Topfes mit dickem Boden legen, darauf die gefüllten Weinblätter dicht nebeneinander schichten. Brühe mit Zitronensaft zugießen, mit einem Teller beschweren und auf kleinem Feuer etwa eine halbe Stunde köcheln.
Kalt servieren, ohne Brühe natürlich.

**Das sollten Sie beachten:**

Frische Weinblätter sollten möglichst jung sein. Unbedingt vorher mit kochendem Essigwasser abwaschen! Kochzeit um etwa 30 Minuten verlängern.
Man kann auch nur mit Reis und Pinienkernen bei derselben Würzung füllen. Gefüllte Weinblätter gibt es zuweilen auch in Dosen.

**Dazu gibt es:**

Brot und andere Meze.

# Pikante Überraschungen für Sir David

Nachdem Kara Ben Nemsi und Hadschi Halef Omar im Haus des Dorfältesten von Spinduri in Kurdistan sehr fremdländisch und sehr gut gespeist hatten, traf völlig überraschend noch ein Gast ein: Kara Ben Nemsis alter Freund Sir David Lindsay, scherzhaft ›Master Fowlingbull‹ geheißen.
Rasch bekam auch der Englishman eine ausgiebige Mahlzeit vorgesetzt. »Mit innerlicher Genugtuung«, bemerkte Kara Ben Nemsi, »daß man ihm auch einen jener kleinen Braten reichte, die ich für Tauben gehalten hatte (Es waren Fledermäuse. Anm. d. Autors). Später setzte man ihm unter anderem einen zierlich gearbeiteten Holzteller hin, der ein niedliches Gericht enthielt, das die Form eines Beefsteaks hatte und einen solchen Wohlgeruch verbreitete, daß ich selbst noch Appetit bekam, obgleich ich bereits gegessen hatte. Ich mußte wissen, was das war. ›Sidna – Herrin, was ist das für ein schönes Gericht?‹ fragte ich die Frau, die den Engländer bediente. – ›Heuschrecken werden geröstet, klein gestoßen und in die Erde gelegt, bis sie anfangen zu riechen. Dann habe ich den Teig in Olivenöl gebraten.‹ – Auch nicht übel! Ich nahm mir vor, meinem guten Master Fowlingbull dieses Küchengeheimnis nicht lange vorzuenthalten.« (GW 2)
Leider wird dann nicht mehr berichtet, was für ein Gesicht Sir David gemacht hat.
Weil Sie, verehrte Leser, kein Gesicht ziehen sollen, verzichte ich darauf, Ihnen das Heuschrecken-Rezept aufzuschreiben. Es gibt zwar Schlechteres als Küchlein (Falafel ist ihr türkischer Name) aus Heuschreckenteig, aber drei Tage nach Ankunft der Schwärme mögen selbst die Kamele keine mehr.
Vergessen wir also ganz schnell die Heuschrecken, um die wohl ähnlich aussehenden, jedoch sehr appetitlichen Küchlein um so herzhafter zu genießen!

# Bohnenküchlein Falafel

**Das brauchen Sie:**

500 g weiße Bohnen, 2 Zwiebeln, 2 Knoblauchzehen, 1 Bund Petersilie, 1 TL gemahlenen Kreuzkümmel, 1–2 TL gemahlenen Koriander, ½ TL Backpulver, Salz, Cayenne-Pfeffer, Ausbackfett.

**Das müssen Sie tun:**

Bohnen 24 Stunden einweichen, dann in frischem Wasser kurz kochen, nur knapp ½ Stunde; sie sollen dabei noch nicht weich werden. Abgießen und zusammen mit Zwiebeln und Knoblauchzehen durch die feinste Scheibe der Fleischmaschine drehen oder im Mixer pürieren. Gewürze, Backpulver und kleingeschnittene Petersilie kräftig darunter kneten. Teig ½ Stunde ruhen lassen. Dann walnußgroße Stücke abteilen und etwa 5 cm große flache Küchlein daraus drücken. Wieder eine Viertelstunde ruhen lassen, dann in siedendem Fett schwimmend auf beiden Seiten schön knusprig braun bakken. Abtropfen auf Küchenkrepp und warm servieren.

**Das sollten Sie beachten:**

Zum Teig kann man auch halb Kichererbsen und halb weiße Bohnen verwenden. Beim Abschmecken mit den Gewürzen muß man sich nach dem persönlichen Geschmack richten; Kreuzkümmel kann, wenn man ihn selbst beim Apotheker nicht bekommt, weggelassen werden.
Glattblättrige Petersilie ist besser als krause, da aromatischer.

**Dazu gibt es:**

Tomaten- oder Gurkensalat. Man kann die Falafel auch zwischen Fladenbrot legen.

# Abendessen in Damaskus

Kara Ben Nemsi und Hadschi Halef Omar waren nach aufregenden Abenteuern – wann einmal hatten sie keine? – nach Damaskus gekommen. Dort wohnten sie bei dem Kaufmann Jakub Afarah, der in den Bazaren Juwelen, Teppiche und Spezereien feilbot. Sein Haus war groß und prächtig. So war auch das Abendessen: »Es war ein großes, fast saalähnliches Zimmer, das ich betrat. Von vielen Kerzen hell bestrahlt, glänzten ringsum schwarz eingestickte Koransprüche von den seidenen Wänden ... Es waren zwanzig Herren anwesend, die sich bei unserem Eintritt erhoben, um mich zu begrüßen ... Während der anfangs noch stockenden Unterhaltung wurden wohlriechende Liköre getrunken, wobei die unvermeidliche Pfeife dampfte. Dann aber wurde ein Mahl aufgetragen, bei dessen Anblick sich mein guter Halef nicht ganz beherrschen konnte, sondern sich die sechzehn Haare seines Schnurrbarts unwillkürlich mit beiden Händen aus dem Mund strich. Es gab da außer den mir bereits bekannten Gerichten auch noch ein Mus von Tobba und Habb el As (Indischer Feige und Myrte), Salat von Sübbh el Belad, einer roten Wurzel, die unserer Möhre ähnlich ist, gebratene Schürsch el Mahrut (Knoblauchpflanze), eine scharf gebratene Eidechsenart, die Jakub Afarah Dobb nannte und deren Fleisch mir recht gut mundete. Auf weiten Reisen lernt man am leichtesten Vorurteile ablegen.« (GW 3)

Da es Indische Feigen, Myrte, die Knoblauchpflanze und auch Dobb-Eidechsen bei uns nicht gibt (bei uns wird sowieso kaum jemand scharf darauf sein), muß ich mich darauf beschränken, das Salatrezept zu geben. Er schmeckt mit Karotten wirklich ganz ausgezeichnet.

# Karottensalat Damaszener Art

**Das brauchen Sie:**

500 g Karotten, 1 TL zerstoßenen Koriander, 1 TL Senfpulver, 1 Prise Rosenpaprika, 1/2 TL Selleriesalz, 1/3 TL Krauseminze (gerebbelt, ersatzweise Pfefferminzblätter), 2 EL Öl, 1 EL Essig, Saft einer Zitrone.

**Das müssen Sie tun:**

Karotten schaben, waschen und in dünne Scheiben schneiden. Koriander in Öl in einem Topf anrösten. Karottenscheiben zugeben. Senfpulver, Rosenpaprika, Selleriesalz, Krauseminze und Essig darüber träufeln. Umrühren bis alle Karottenscheiben von Öl und Gewürzen überzogen sind. Wasser auffüllen, daß die Karotten knapp bedeckt sind. Anfangs zugedeckt, dann ohne Deckel garen, bis das Gemüse gerade weich ist. Die Flüssigkeit soll zur selben Zeit bis auf eine dicke Sauce eingekocht sein. Eventuell abgießen, separat einkochen und dann wieder über die Karotten geben.
Über das halb abgekühlte Gemüse den Saft der Zitrone gießen, durchheben, eventuell noch etwas Salz, Rosenpaprika und Öl zugeben.
Kalt servieren.

**Das sollten Sie beachten:**

Dieser Salat muß eine angenehme, jedoch nicht aufdringliche Schärfe haben. Der Geschmack des Koriander kann etwas vorherrschen.
Viele arabische Rezepte nennen Kreuzkümmel anstatt Koriander, er ist jedoch schwerer zu bekommen; auch gefällt mir das Korianderaroma besser.

**Dazu gibt es:**

Hühner- oder Kalbfleisch. Auch allein als Vorspeise möglich.

# Ägyptische Bordverpflegung

Fahrten auf dem Nil sind noch heute einmalige Erlebnisse, bieten unvergeßliche Eindrücke.
Vor hundert Jahren, als Kara Ben Nemsi Effendi dort reiste, kamen noch aufregende Abenteuer dazu. Schließlich gab es damals regelrechte Kriegsfahrten auf dem afrikanischen Strom. Der energische Reïs Effendina jagte mit seinem Schnellsegler ›Falke‹ die berüchtigten Sklavenjäger unter Ibn Asl, dessen Schiff ›Eidechse‹ hieß.
An Bord aller Schiffe legt man Wert auf gutes, reichhaltiges Essen. So war es auch damals auf dem Nil. Als Kara Ben Nemsi nach einem Erkundungsritt auf den ›Falken‹ zurückkam und seinen Diener Selim fragte, was inzwischen vorgefallen sei, da erfuhr er: »Essen, trinken, rauchen, schlafen und prahlen . . .«
Zu damaligen Zeiten leisteten sich viele Offiziere beträchtlichen Luxus, auch mitten im Krieg, und die Türken brachten es dabei zu einer wahren Meisterschaft, die schließlich so groß wurde, daß sie ihr Weltreich darüber verloren.
An Bord des ›Falken‹ genoß Kara Ben Nemsi nach anstrengendem Ritt die Annehmlichkeiten in der prächtig eingerichteten Kajüte des Reïs Effendina. Er bekam, was sein Herz begehrte. »Es wurde aufgetragen, was an Vorräten zu haben war.« (GW 17)
Zwei besondere Köstlichkeiten will ich Ihnen aus diesem Menü verraten. Sie sind im häuslichen Kreis für den Alltag und für Einladungen gleichermaßen geeignet.

# ›Falken‹-Stew

**Das brauchen Sie:**

600 g Rindsgulasch, 3–4 EL Öl, 500 g Zwiebeln, Salz, schwarzen Pfeffer, 1 TL gemahlenen Piment (Nelkenpfeffer), 2 Bündel Petersilie, 500 g Tomaten, 1 kleine Dose Tomatenmark.

**Das müssen Sie tun:**

Fleischwürfel in einer großen Pfanne in Öl anbraten. Herausnehmen, etwas Öl nachgießen und die grobgehackten Zwiebeln bis zu einer kräftigen goldbraunen Färbung anbraten. Fleisch wieder in die Pfanne zurückgeben, mit den Zwiebelstücken vermischen. Würzen mit Salz, Pfeffer und Piment. Die Hälfte der kleingeschnittenen Petersilie, die geschälten und grob zerschnittenen Tomaten sowie das Tomatenmark zufügen. Zusammen mit ½ Tasse Wasser auf kleiner Hitze unter gelegentlichem Umrühren schmoren lassen. Nach 1½ Stunden restliche Petersilie dazu. Nach insgesamt 2 Stunden muß das Fleisch butterweich sein und in einer dicken Sauce ruhen.

**Das sollten Sie beachten:**

Sie können auch Hammelfleisch zu diesem Gericht verwenden, werden jedoch froh sein, wenn es auch einmal ein orientalisches Gericht ohne Hammel gibt.
Frische Tomaten kann man durch geschälte aus der Konservendose ersetzen; manchmal gewinnt dadurch das Gericht noch an Wohlgeschmack.
Während des letzten Teils der Garzeit muß man wahrscheinlich den Deckel von der Pfanne nehmen, damit alles überflüssige Wasser verdunstet.

**Dazu gibt es:**

Salzkartoffeln oder weißen Reis oder Teigwaren.

# Pürierter Bohnensalat ›Selim‹

**Das brauchen Sie:**

200 g große weiße Bohnen, 50 g Linsen, 2 EL Essig, 1/2 TL Salz, 4 EL Öl, 2 EL grobgehackte Petersilie, einige schwarze Oliven, 2 EL Zitronensaft.

**Das müssen Sie tun:**

Bohnen und Linsen über Nacht einweichen. Dann in frischem Wasser, das sie gerade bedecken soll, auf schwacher Hitze so lange kochen, bis sie ganz weich sind. Das wird etwa 2 Stunden dauern. Am Schluß darf kaum noch Flüssigkeit in dem Topf sein. Den Inhalt zerstampfen. Abkühlen lassen. In einer großen Schüssel den Essig mit dem Salz verrühren, dann Öl dazu, nochmals gut durchrühren. Pürierte Hülsenfrüchte dazu. Solange kräftig mit einer Gabel bearbeiten, bis das Püree alle Marinade aufgenommen hat.
Auf einer Platte anrichten. Mit Petersilie und Oliven garnieren. Mit Zitronensaft beträufeln.

**Das sollten Sie beachten:**

Die ägyptischen Bohnen, die man zu diesem Gericht verwendet, sind sehr groß, die Linsen sind rötlich.
Essig kann auch durch Zitronensaft ersetzt werden. Vor dem Servieren sollte man nochmals abschmecken.

**Dazu gibt es:**

Fladenbrot, mit dem man den Salat von der Platte löffelt. Besonders vornehm ist es, ihn in einzelnen kleinen Glasschälchen zu servieren. Ausgelöffelt werden kann er auch mit Knäckebrot.
Dieser Salat wird als Vorspeise gegessen, schmeckt jedoch auch zu Kebab oder nur einfach zu Bier und Schnaps (was der Prophet natürlich nicht wissen darf!).

*Horst Scharfenberg lädt ein!*

*Der Autor dieses Buches hat von seinen Karawanenreisen durch den Orient nicht nur dieses prächtige Wüstenaraber-Gewand mitgebracht, sondern auch die Kenntnis vieler Spezialitäten aus dem ehemaligen Kalifenreich. Hier präsentiert er an Spießen ›Kebab nach Art der Haddedihn‹, auf der rechteckigen Platte ›Linsen Haushofmeisterart‹, in dem Schälchen ›Gefüllte-Weinblätter-Meze‹. Aus der schönen, handgeformten Beduinen-Kaffeekanne duftet ›Echter Mokka‹.*

# Der Spritzwein von Mossul

Es dürfte sehr schwer fallen, das gefährlichste oder aufregendste Abenteuer zu nennen, das Kara Ben Nemsi je zu bestehen hatte. Eines der lustigsten jedoch war mit Sicherheit seine Betätigung als Weinhersteller in Mossul.
Natürlich ließ sich Kara Ben Nemsi zu solch ungesetzlichem Tun nicht aus Geldgier hinreißen, sondern es war die einzige Möglichkeit, Erlaubnis und Wohlwollen des großmächtigen Paschas für seine weiteren Reisen zu gewinnen.
Abgekürzt spielte sich das so ab: »Hast du Wein bei dir? – Ich kann mir Wein verschaffen. – Auch solchen, der spritzt? – Ja. – Willst du mir einen solchen Trank bereiten? – Ja, laßt uns in die Küche gehen! – Auf, ihr Faulenzer, ihr Sklaven! Habt ihr heißes Wasser? Hole Rosinen, du Lümmel! Und Zucker! Und Essig! Nun in die Apotheke! – Dort hockte der arme Hekim mit verbundenen Füßen. Auch ihm gab der Pascha einen Fußtritt. – Steh auf, Widerwärtiger, und erzeige mir und diesem Effendi die Ehre, die uns gebührt! Wo ist die Apotheke? – Hier, o Pascha! – Öffne! – Vom Natron war viel, von der Weinsteinsäure nur wenig vorhanden. Doch es genügte. – Nun brauten, kochten, kühlten, füllten, pfropften und siegelten wir, daß der Schweiß vom Gesicht troff, und als wir endlich fertig waren, durften die Diener wieder eintreten, um die Flaschen an den kühlsten Ort des Kellers zu bringen. Eine aber nahm der Pascha zur Prüfung mit und trug sie mit höchsteigener Hand durch das Vorzimmer in sein Gemach.« (GW 1)
Ja, und dann wurde der Wein probiert. Er spritzte wirklich. Und wie! Daß er noch warm war, störte den Pascha nicht. Er schmeckte ihm auch so besser als Wasser vom heiligen Brunnen Sem Sem. Und mit jedem Schluck verströmte der hohe Herr mehr von seiner Güte über den Hersteller des Weins, verdoppelte er dessen Ehrengarde, so daß Kara Ben Nemsi schon fürchtete, eine ganze Armee mit nach Kurdistan nehmen zu müssen.
Nun, er mußte nicht. Und da auch Sie wohl kaum einer kurdischen Leibwache bedürfen, wollen wir ruhig auf solcherart selbstgebrauten ›Spritzwein‹ verzichten.

# Ein Liebesmahl in den Bergen

Zu den Zeiten, da Kara Ben Nemsi auf seinem edlen Rappen Rih durch das wilde Bergland Kurdistans ritt, also in den sechziger Jahren des vorigen Jahrhunderts, war das ausgesprochen lebensgefährlich: Viele der dort lebenden Kurden waren fanatische Mohammedaner, grausam besonders gegen Andersgläubige.
Man kann sich daher die Überraschung vorstellen, als plötzlich durch die düsteren Wälder das helle Geläut eines Ave-Glöckchens drang. Selbst der kleine Hadschi Halef war ganz aus dem Häuschen. Sie trafen auf ein Dorf, das sich Verfolgte, Christen und Schiiten, gebaut hatten, um im Verborgenen unangefochten leben zu können.
Als sich herumsprach, daß ein fremder Emir aus dem Abendland, ein Christ, angekommen war, strömte natürlich alles zusammen. Wie immer und überall wurde das große Ereignis mit einem Festmahl gefeiert. »Man bemächtigte sich eines fetten Hammels, dessen Bestimmung es war, die Ankunft des Emirs mit seinem Leben zu bezahlen... Die Kirche stand in der Mitte der Hüttenreihe. Vor ihr wurde ein Platz als Speisesaal bestimmt. Wir beide setzten uns dort nieder, und die anderen bildeten von uns aus einen Kreis, auf dessen Mittelpunkt ein großes Feuer angezündet wurde, an dem die schweigsamen Frauen Kürbis-, Rüben- und andere vegetarische Speisen zu Zukost bereiteten.« (GW 23)
Ein bei uns altbekanntes Salatgemüse wird auch im Orient geschätzt: Rote Rüben, in weiten Teilen Deutschlands auch Rote Beete genannt.
Versuchen wir doch einmal, diese heimische Spezialität nach orientalischer Art zuzubereiten!

# Rote Rüben auf orientalische Art

**Das brauchen Sie:**

1 kg Rote Rüben, ½ TL Kümmel, 1 TL Salz, 3 EL Zitronensaft, 2 EL Olivenöl, ¼ l Yoghurt, 1–2 EL gehackte Petersilie.

**Das müssen Sie tun:**

Rote Rüben waschen, abbürsten, Stiele und Wurzeln einen Zentimeter über den Knollen abschneiden. Zusammen mit Kümmel und Salz in genügend Wasser eine gute Stunde lang kochen. Dann etwas abkühlen lassen und schälen. Einige dünne Scheiben abschneiden und beiseite legen. Alles übrige in kleine Würfel schneiden.
Zitronensaft, Öl, Yoghurt und eine Prise Salz sehr gut miteinander verrühren und diese Sauce dann mit den erkalteten Rübenwürfelchen vermischen.
Die Rübenscheiben in dünne Stifte schneiden und darüber streuen. Mit der Petersilie dekorieren.

**Das sollten Sie beachten:**

Man kann die Würfelchen und Scheiben der noch warmen Rüben mit zusätzlichem Zitronensaft beträufeln.
Eine kleine Prise Zucker rundet den Geschmack der Yoghurt-Marinade vorteilhaft ab.

**Dazu gibt es:**

Warmes oder kaltes Fleisch oder kalten Fisch oder auch nur Brot.

# Festmahl bei den Beduinen

Auf einem Ritt durch die Wüste traf Kara Ben Nemsi Schammar-Beduinen, die eben dabei waren, ihre flachen, schwarzen Zelte aufzuschlagen. Natürlich herrschte das übliche Durcheinander, das es bei jedem Umzug gibt. Gar nicht so natürlich war jedoch die schroffe Unfreundlichkeit, mit der Kara Ben Nemsi und sein Begleiter Sir David Lindsay nebst Dienern empfangen wurden. Wäre Hadschi Halef Omar dabeigewesen, er hätte sicher zur Nilpferdpeitsche gegriffen. Kara Ben Nemsi hingegen zitierte gelassen eine Sure aus dem Koran: »Speise den Fremdling und tränke ihn; laß ihn bei Dir ruh'n ohne seinen Ausgang und Eingang zu kennen!« (GW 1)
Diesem vom Propheten stammenden Gebot mochte sich der Scheik nun doch nicht verschließen. Die Fremdlinge bekamen harte, halbverbrannte Gerstenkuchen und Kamelmilch. Erst ganz allmählich taute die frostige Stimmung, was ja im Wüstenklima nicht schwer sein soll. Und als Scheik Mohammed Emin erfuhr, daß Kara Ben Nemsi der Freund eines befreundeten Stammes war, ließ ihn das sogar den Groll auf den ›Englishman‹ Lindsay vergessen.
Nun gab der Scheik den Ankömmlingen zu Ehren sogar ein Fest. Im Mittelpunkt stand ein großes Essen, das mit einer kalten Gurkenspeise eröffnet wurde. »Das ist ein sehr erfrischendes Gericht aus geronnener Milch mit Gurkenschnittchen, die etwas gesalzen und gepfeffert sind.«
War zu Karl Mays Zeiten der Begriff ›Yoghurt‹ noch so gut wie unbekannt in Deutschland, so ist es die Speise noch heute. Man kann sie als Salat oder Suppe reichen. Ich gebe Ihnen die Suppenversion, weil sie schon viele meiner Freunde begeistert hat. Im Sommer steht sie jede Woche mindestens einmal bei uns daheim auf dem Tisch. Und das nicht nur, weil ich ein Karl-May-Fan bin. Diese Suppe wird überall zwischen Indischem Ozean und Schwarzem Meer gegessen. Sollten Sie in Bulgarien einmal Urlaub machen, finden Sie sie dort als ›Tarator‹ auf der Speisekarte. Und dann wissen Sie natürlich schon Bescheid:
Essen wie Kara Ben Nemsi bei den Schammar-Beduinen!

## Pikante Gurkenkaltschale ›Schammar‹

**Das brauchen Sie:**

½ l Yoghurt, 1 EL Essig, 2 EL Öl, 1 Knoblauchzehe, 1 Tasse Wasser, 1 Salatgurke, Salz, 1 kleine Prise weißen Pfeffer, 3–4 EL geschnittenen Dill, einige Eiswürfel, 50–80 g Walnußkerne.

**Das müssen Sie tun:**

Yoghurt mit Essig, Öl, der zerdrückten Knoblauchzehe und dem Wasser verrühren. Die Salatgurke schälen, der Länge nach vierteln, diese langen Stücke zusammenhalten und quer in ganz dünne Scheiben schneiden. Man kann sie auch auf einem groben Gemüsehobel in kleine Stückchen raffeln. Mit Salz bestreuen. Eine Viertelstunde stehenlassen. Dann in die Yoghurtmischung geben und zusammen mit Dill, Pfeffer und den grob zerdrückten Walnußkernen verrühren.
Beim Servieren Eiswürfel einstreuen.

**Das sollten Sie beachten:**

Pfeffer und Knoblauch können auch wegbleiben, es wäre aber schade, besonders um den Knoblauch.
Frische Gurken brauchen nicht unbedingt geschält zu werden.
Ohne Wasser wird eine Sauce aus diesem Gericht, die besonders gut zu fritierten Gemüsen paßt.

**Dazu gibt es:**

Helles Bauern- oder Mischbrot. Es muß also keinesfalls Fladenbrot sein, wie es die Beduinen essen.

## Balyk Tschorbaßü

Hinter diesem fremdartig klingenden Namen verbirgt sich eine Fischsuppe, die jeden mitteleuropäischen Gaumen in Entzücken versetzen wird. Ebenso wie sie das bei Kara Ben Nemsi, Hadschi Halef Omar und ihren Reisegefährten einstmals tat, als sie den berüchtigten ›Schut‹ durch das Land der Skipetaren verfolgten.
Diese köstliche Suppe wurde den Reisegefährten im ›Turm der alten Mutter‹ serviert. Sie aßen sie mit Genuß, nachdem ihnen der Diener Janik, der sich als absolut zuverlässig erwiesen hatte, versichern konnte, daß sie, im Gegensatz zur Eierspeise vorher, kein Rattengift enthielt. Und zwar » ... eine tüchtige Schüssel Balyk tschorbaßü, wie sie in Prag oder Wien nicht bessser auf den Tisch gebracht wird. Da es keine Löffel gab, erhielten wir Tassen, mit denen wir die Suppe schöpften und zum Mund führten«. (GW 5)
Suppen aus Tassen zu trinken, ist nicht unbedingt eine morgenländische oder gar skipetarische Eigenheit: Der Diener hatte einfach vergessen, die Löffel mitzubringen. Servieren Sie diese Suppe, ob in Tassen oder Tellern, also ruhig mit Löffeln!
Höchstwahrscheinlich war diese Suppe aus Süßwasserfischen gekocht. Sollten Sie Angler sein oder sonstwie preisgünstig an Süßwasserfische kommen, so verwenden Sie diese. Ich gebe im Rezept Seefische an, weil sie meist billiger sind. Im Geschmack gibt es kaum einen Unterschied.

# Fischsuppe Balkanart

**Das brauchen Sie:**

3 Zwiebeln, 3 EL Öl, 2 EL edelsüßen Paprika, 500 g Fischabgänge (Köpfe, Schwanzstücke), 1 Lorbeerblatt, 8 Pfefferkörner, Salz, 2 Kartoffeln, 2 grüne Paprikaschoten, 2 EL Weinessig, 500 g Seefischfilets (Seelachs, Rotbarsch, Kabeljau), ¼ l saure Sahne, Saft von 2 Zitronen, 2 EL gehackte Petersilie.

**Das müssen Sie tun:**

Kleingeschnittene Zwiebeln im Öl in einem großen Topf goldgelb werden lassen. Paprika darüber stäuben, sofort mit gut 1 l Wasser ablöschen. Fischabgänge, Lorbeerblatt, Pfefferkörner, Salz, Kartoffeln, entkernte sowie halbierte Paprikaschoten und Essig zugeben. Gut eine halbe Stunde kochen lassen. Dann Fischabgänge und Paprikaschoten herausnehmen. Brühe durch ein Haarsieb abgießen. Zwiebeln und Kartoffeln durch das Sieb in die Brühe drücken.
Fischfilets in gulaschgroßen Stücken in der Suppe knapp ¼ Stunde köcheln lassen. Würzen mit dem Saft der Zitronen. Die Sahne mit etwas Brühe verquirlen, einrühren, kurz aufkochen lassen. Kleingeschnittene Paprikaschoten in der Suppe erhitzen, diese beim Servieren mit der grobgehackten Petersilie bestreuen.

**Das sollten Sie beachten:**

Vor dem Kochen Kiemen und Augen entfernen.
Sie können auch jedes andere (enthäutete!) Fischfleisch verwenden.

**Dazu gibt es:**

Höchstens etwas Brot.

# Iblig Dolmas

Auch mit der deutschen Übersetzung dieses Gerichtes kann eine junge Hausfrau hierzulande kaum noch etwas anfangen. Es handelt sich dabei um einen gefüllten Kapaun. Im Zeitalter der Tiefkühltruhe (und der damit verbundenen kulinarischen Nivellierung des Angebots) sind kaum noch Kapaune, kastrierte Masthähne, zu haben. Dabei geben sie den besten Braten ihrer Gattung. Sie sind erheblich größer als ihre normalen Vettern, so daß man sich an einem solchen Vogel schon zu viert gehörig sattessen kann. Mit Füllung langt ein Kapaun sogar für sechs Personen.
Kara Ben Nemsi erhielt so einen Vogel zusammen mit der Fischsuppe vorgesetzt. »Dann kam ein riesiger Iblig Dolmas, mit einem Teig von Mehl, Feigen und zerstoßenen Nüssen gefüllt.« (GW 5)
Hier wird eine echt orientalische Geflügelfüllung genannt. Ich habe sie auf dem Balkan, in der Türkei und in arabischen Ländern in sehr vielen Variationen gegessen. Mein Rezept nennt eine davon, die ich für besonders schmackhaft halte und die der oben beschriebenen sehr nahe kommt. Sie könnte, trotz Huhn statt Kapaun, durchaus von der Magd und Köchin Anka damals zubereitet worden sein.

# Gefülltes Huhn ›Anka‹

**Das brauchen Sie:**

1 großes Brathuhn, 300 g feines Bratwurstfüllsel, 2–4 EL Semmelmehl (Paniermehl), 3 EL süße Sahne, 1 EL Weinbrand, 2 Eigelb, Abrieb ½ Zitrone, 4 zerstoßene Pimentkörner, Innereien des Huhnes sowie 100 g Geflügelleber, 3 EL kleingehackte Feigen, 100 g leicht angeröstete, halbierte Mandeln, Salz, Pfeffer, Muskatnuß, 2 EL Butterschmalz.

**Das müssen Sie tun:**

Brathuhn waschen, austrocknen und außen mit Salz und Pfeffer einreiben. Zur Füllung Bratwurstfüllung mit Semmelmehl, Sahne, Weinbrand, Eigelb, geriebener Zitronenschale, Piment, Feigen und Mandeln verkneten. Leber, Herz und zugekaufte Geflügelleber in kleine Würfelchen schneiden und ebenfalls mit der Füllung verkneten, die man noch mit den angegebenen Gewürzen abschmeckt. Huhn füllen, zunähen und im erhitzten Butterschmalz in einem Bräter im Backofen bei etwa 230 Grad garen. Dabei mit dem Fett fleißig begießen, eventuell etwas Wasser nachfüllen.
Bratzeit etwa 50 Minuten.

**Das sollten Sie beachten:**

Das Bratwurstfüllsel kaufen Sie am besten in Form von Bratwürsten, die aber unter gar keinen Umständen gebrüht sein dürfen.
Die kleingehackten Feigen kann man auch durch Rosinen ersetzen.
Den Bratsatz kann man mit etwas Wasser loskochen, etwas Tomatenmark und Weinbrand zugeben und einkochen bis man eine Sauce der gewünschten Konsistenz hat.
Dieses gefüllte Huhn schmeckt auch kalt sehr gut; dann Cumberlandsauce dazu.

**Dazu gibt es:**

Kartoffelpüree und Salat.

## Reisgericht im Han

Jeder Karl-May-Leser weiß natürlich, daß Han soviel wie Hotel und Gaststätte bedeutet. In den Schluchten des Balkans stiegen Kara Ben Nemsi und seine Gefährten auch im Han des Waffenschmieds Deselim ab. Das war in Ismilan. Moderne Balkanreisende kommen dort selten hin. Wer jedoch ein bißchen Abenteuerlust und ein Auto hat, der wird diesen Ort auch heute noch sehr malerisch finden. Allerdings nicht mehr unter dem Namen Ismilan, sondern Smoljan. Zu erreichen von der bulgarischen Stadt Plovdiv aus nach Süden über die Straße Nr. 36. Es sind ungefähr 80 km über asphaltierte Straße, die lange Zeit durch ein wirklich wildromantisches Flußtal führt. Dann ist man in einem Bergland mit Höhen von über 2000 Meter und kann den Spuren Kara Ben Nemsis folgen.
Mit ein wenig Glück bekommt man auch heute noch einen Hühner-Pilaw vorgesetzt. Allerdings nicht in einem Han, sondern in einem Unternehmen von Balkantourist, der staatlichen Fremdenverkehrsorganisation.
Kara Ben Nemsi fand das Gasthaus damals folgendermaßen vor: »Das Haus hatte einen ziemlich großen Hof mit Stallungen und einem niedrigen Gebäude, worin sich die für die Fremden bestimmten Schlafräume befanden. Es waren kleine Stuben mit urwüchsigen Lagerstätten. Decken und dergleichen mußte der Reisende selbst mitbringen ... Wir wurden erst in die Kaffeestube gewiesen, wo uns die angenehme Mitteilung wurde, daß wir einen frischen Pilaw mit Huhn bekommen könnten. Das wurde gern angenommen.«
(GW 4)
Decken und dergleichen muß der Reisende heute nur noch selbst mitbringen, wenn er in den Hütten übernachten will, die es dort im Gebirge gibt und die ähnlich unseren Skihütten bewirtschaftet werden.
Für alle aber, denen der Weg nach Südbulgarien, immerhin so rund zweieinhalbtausend Kilometer, zu weit ist, um einen Pilaw mit Huhn zu essen, gebe ich das Rezept, so daß Sie sich diesen Genuß auch daheim verschaffen können.

# Pilaw mit Huhn

**Das brauchen Sie:**

1 Brathuhn, 2 EL Öl, Salz, schwarzen Pfeffer, 1 Zwiebel, 2 Nelken, 2 Karotten, 1 kräftige Prise Rosmarin, 500 g Langkornreis, 3 EL gehackte Petersilie, 50 g Pinienkerne.

**Das müssen Sie tun:**

Huhn in 4 Teile zerlegen, diese im Öl anbraten, bis sie goldgelb sind. Würzen mit Salz, Pfeffer und Rosmarin. Gut 1 l heißes Wasser zugießen sowie die mit Nelken gespickte Zwiebel und die ganzen Karotten zugeben. Etwa 1 Stunde kochen lassen. Brühe abgießen. Vom Fleisch die beiden Keulen und zwei Bruststücke beiseite stellen und warmhalten. Anderes Fleisch sowie die Karotten in Würfelchen schneiden und mit dem gewaschenen Reis und der Petersilie in die Brühe geben. Unter mehrmaligem Rühren aufkochen, dann zudecken und auf kleinster Hitze etwa 15 Minuten quellen lassen. Auf eine Platte häufen, mit den angerösteten Pinienkernen bestreuen und mit den 4 großen Huhnteilen umlegen.

**Das sollten Sie beachten:**

Eventuell müssen Sie die Hühnerbrühe noch etwas einkochen, denn sie soll, nachdem Fleisch- und Karottenwürfel sowie der Reis hineingegeben wurden, nur etwa daumenbreit darüber stehen; so wird sie während des Quellens dann völlig vom Reis aufgesogen.
Anstatt Pinienkerne kann man auch gestiftelte Mandeln anrösten.

**Dazu gibt es:**

Gemischten Salat oder auch nur Gurkensalat, angemacht mit Yoghurt und Dill.

## Das Huhn im Stiefel

Eigentlich waren es zwei Hühner. Beide knusprig gebraten. Hadschi Halef Omar beglückte damit die Familie eines armen Korbmachers, der von dem Spitzbuben Mübarek schändlich betrogen und um den Lohn seiner Reiseführertätigkeit gebracht worden war.
Auf Drängen seines Herrn und Schutzbefohlenen erklärte der kleine Halef wortreich, wie die Hühner in die Stiefel gekommen waren: »In jedem Stiefel steckte auch ein Huhn, so braun und knusprig, wie es nur im dritten Paradies gebraten wird. Meine Seele hängt an solchen Hühnern: Daß ich von ihnen scheiden muß, erfüllt mein Herz mit Traurigkeit und meine Augen mit Tränen.« Und zu den Kindern gewandt fuhr er in komischer Ernsthaftigkeit fort: »Da diese Hennen aber ihr Leben haben lassen müssen, um verspeist zu werden, so ist es schließlich gleich, in wessen Magen sie begraben werden. Also verzehrt sie mit Bedacht und andächtigem Behagen und hebt mir die Knochen auf, bis ich wiederkomme.« (GW 5)
Alle mußten über Halef lachen und hörten sich gutgelaunt den Rest der Geschichte an: »Als ich den Handschi Bajro in Ostromdscha bezahlen wollte, erklärte er, daß er uns schuldig sei, nicht aber wir ihm. Für den Dienst nämlich, den wir seinem Schwager Ibarek erwiesen hätten. Vorsichtigerweise hatte ich auch ein Wörtchen fallen lassen, daß Brathuhn meine Lieblingsspeise sei. Das Ohr des Handschi war offen gewesen, und sein Gedächtnis hatte das Brathuhn aufbewahrt. Die Gabe (Brathühner) war für dich (Kara Ben Nemsi) bestimmt. Und da der Handschi sie dir nicht selbst überreichen konnte, so stellte ich ihm deine Stiefel als deine Stellvertreter und Bevollmächtigten hin und ging fort. Als ich sie dann wiedersah, waren sie zu meiner Freude von den Erzeugnissen der lieben Tierwelt dick und fett geworden.«
Diese unter so lustigen Umständen als Reiseproviant erworbenen Hühner, noch immer reist man übrigens im Land der Skipetaren mit Brathuhn als Proviant, werden auch Sie und Ihre Gäste begeistern. Bedienen Sie sich also des nebenstehenden Originalrezepts, bitte.

# Halefs Lieblingshuhn

**Das brauchen Sie:**

2 Hühner, Salz, Pfeffer, Saft von 1 großen Zitrone, 2 Knoblauchzehen, ¾ Tasse Öl.

**Das müssen Sie tun:**

Die Hühner ausnehmen, waschen und gut abtrocknen. Der Länge nach halbieren. Salz und Pfeffer im Zitronensaft verrühren. Die Knoblauchzehen zerdrücken und zusammen mit dem Öl in dem gewürzten Saft verquirlen. Mit dieser Sauce die Hühnerhälften bestreichen und sie dann einige Stunden in den Kühlschrank stellen.
Über Holzkohlenglut unter mehrmaligem Wenden zu goldbrauner Farbe grillen. Dabei mehrmals mit der verbliebenen Marinade einpinseln.

**Das sollten Sie beachten:**

Sie können selbstverständlich auch zarte junge Hähnchen nehmen, das Rezept gewinnt sogar.
Im Land der Skipetaren nahm man natürlich mehr Knoblauch. Haben Sie Mut, eifern Sie den kühnen Bergbewohnern nach! Diese Hühnerzubereitung eignet sich auch für das Garen im Elektrogrill, im Backofen oder im Römertopf.

**Dazu gibt es:**

Brot und, der Länge nach in Streifen geschnitten, frische Gurken. Die Streifen kann man in etwas Salz oder Yoghurt stippen. Andere Beilagen bieten sich für dieses Gericht kaum an, da es ja vorzugsweise aus der Hand gegessen wird.

# Fleischplatte in Kairo

In Kairo war Kara Ben Nemsi Gast im Hause eines türkischen Kaufmanns, von dem er zunächst nur wußte, daß er Geld, einen beträchtlichen Leibesumfang und den Namen Murad Nassyr hatte. Später stellte sich heraus, daß die Gastfreundschaft nicht uneigennützig war. Der deutsche Besucher wurde erst als Arzt gegen Zahnschmerzen und Haarausfall beschäftigt und sollte dann auch noch den dunklen Geschäften des Türken dienlich sein. Dafür kann man auch als scharf kalkulierender orientalischer Kaufmann schon großzügig sein und dem Gast auftragen lassen, was die Küche nur hergibt, besonders, wenn man selbst an den Genüssen teilhat.
»Bald darauf kam der alte Neger herein und brachte auf einer Platte ein kaltes Huhn, das von Rinderbratenstücken umringt war. Dazu gab es dünne Fladenschnitten, das landesübliche Brot. Gabeln waren nicht dabei. Ich zog mein Messer, der Dicke das seinige auch. Als ich ein Stück Braten gegessen hatte, waren hinter den glänzenden Zähnen Murad Nassyrs die anderen acht Stücke verschwunden. Ich nahm mir ein Bein vom Huhn; aber mein Mund vergaß die Arbeit, als ich sah, mit welcher Gewandtheit mein Gastfreund die Henne von ihrem Knochengerüst löste und sich das Fleisch in großen Stücken zwischen die Kinnladen schob. Dieser Türke schien gar nicht zu kauen. Er schlang und schluckte, und schluckte und schlang, bis es nichts mehr zu schlingen gab.« (GW 16)
Die arabische Küche kennt eine hervorragende Zubereitungsart für Huhn, das kalt serviert wird. Im Gegensatz zu deutschen Gepflogenheiten handelt es sich dabei nicht um ein gebratenes Huhn, sondern um ein gekochtes, das dann in einer Art Aspik auf den Teller kommt. Köstlich, köstlich!

# Kaltes Huhn ›Murad‹

**Das brauchen Sie:**

1 Brathuhn, 2 EL Öl, Saft 1 Zitrone, 1/2 TL Gelbwurz (Kurkuma, Turmeric), Salz, weißen Pfeffer, 1/2 TL gemahlenen Kardamom.

**Das müssen Sie tun:**

Das ausgenommene Huhn sorgfältig waschen und von allen Blutgerinseln und Fettstücken befreien.
Alle übrigen Zutaten mit einer Tasse Wasser in einem feuerfesten Geschirr zum Kochen bringen. Das Huhn einlegen und zugedeckt über schwacher Hitze so lange kochen, bis alles Fleisch weich ist. Dabei das Huhn öfter drehen und eventuell noch etwas heißes Wasser nachgießen. Garzeit etwa 90 Minuten.
Huhn tranchieren, Knochen nach Möglichkeit entfernen. Stücke auf eine tiefe Platte legen und mit der Brühe übergießen. Kalt stellen, bis die Brühe geliert ist.

**Das sollten Sie beachten:**

Das Huhn kann auch schon für das Kochen in vier bis sechs Teile zerlegt werden. Niemals zu viel Flüssigkeit verwenden, da diese sonst nicht geliert.
Bevor die Brühe über die Hühnerstücke gegossen wird, kann (und sollte) man sie noch entfetten, damit der Aspik klarer wird. Die Knochen in den Keulen kann man belassen, sie sind praktische Handgriffe.

**Dazu gibt es:**

Hartgekochte Eihälften, Tomatenachtel, Perlzwiebeln und eingelegte Gürkchen, mit denen die Platte umlegt wird. Außerdem Brot.

## Jagdessen in Kurdistan

»Als die Sonne am höchsten stand, befanden wir uns zwischen den Bergen, wo ich in einem Wald von Balamut-Eichen – von denen die dortigen weltbekannten Galläpfel kommen – ein Wildschwein schoß, das uns die notwendige Verpflegung lieferte. Wir saßen da für kurze Zeit ab, um einige saftige Stücke davon anzubraten und mitzunehmen. Eigentlich war es dem Hadschi als Mohammedaner verboten, Schweinefleisch zu essen, aber der Umgang mit mir hatte ihn soweit umgestimmt, und sein Gaumen war so empfindlich für den Wohlgeschmack des Schwarzwildes, daß er diesem Genuß zuliebe ohne Bedenken das Mißfallen des Propheten und aller toten Kalifen auf sich nahm.« (GW 18) Soweit Kara Ben Nemsi über seinen Freund und ›Beschützer‹. Wenn dieser also wegen eines Fleischstücks den Zorn des großen Mohammed riskierte, dann mußte dieser Braten besonders köstlich sein. Wildschwein nach der Eichelmast gilt auch bei uns als Leckerbissen. Je jünger das Stück ist, um so besser. An der Spitze der Wohlgeschmacks-Skala steht natürlich der Frischling. Auch das Wildbret eines Überläufers, also eines Teenagers, kann man noch braten oder grillen. Ältere Sauen bedürfen schon einer Spezialbehandlung, um das Fleisch durch Marinieren mürbe und wohlschmeckend zu machen.

Jenes Wildschwein aus dem Wald der Balamut-Eichen kann also bestenfalls ein Jüngling gewesen sein. Sollten Sie das ›Schwein‹ haben, so ein Wildbret zu ergattern, so können Sie sich glücklich schätzen. Für Ihre Grillpläne gebe ich Ihnen ein armenisches Rezept. Die Armenier, die unter Arabern und Kurden leben, sind Christen, dürfen also hemmungslos Wildschweine verspeisen.

# Gefülltes Wildschweinsteak

**Das brauchen Sie:**

800 g Fleisch aus Keule oder Rücken eines Wildschweins, 4 dünne Scheiben Räucherspeck, 1 TL grob zerdrückte schwarze Pfefferkörner, knapp 1 TL getrocknete, gerebbelte Salbeiblätter, 4 EL Öl, Salz, 4 Äpfel.

**Das müssen Sie tun:**

Fleisch in möglichst große, 1 cm dicke Scheiben schneiden. Mit Pfeffer und Salbei bestreuen. Jeweils auf eine Hälfte eine Speckscheibe legen, die andere Steakhälfte darüber klappen und mit Zahnstochern zustecken. Außen mit Öl bestreichen und auf dem Grill über Holzkohlenglut braten. Dabei weiter mit Öl bepinseln.
Die Äpfel halbieren und zuerst mit der runden Seite, dann mit der Schnittfläche auf den Grill setzen und anbraten; sie müßten knapp so lange brauchen wie die Steaks.
Beides zusammen servieren.

**Das sollten Sie beachten:**

Das Wildbret muß wirklich von einem sehr jungen Tier stammen und sollte gut abgelagert sein.
Schneiden Sie vier oder acht Scheiben quer zur Faser. Die vier Scheiben klappen Sie zusammen, bei acht werden jeweils zwei aufeinandergelegt und mindestens auf zwei Seiten zusammengesteckt.
Zum Zusammenstecken eignen sich Rouladennadeln besonders gut.

**Dazu gibt es:**

Weiß- oder Bauernbrot.

# Ein arabisches Hauptgericht

Beim Scheik der Schammar wurde die Tafel ganz nach Beduinenart gedeckt, das heißt, es gab gar keine Tafel im eigentlichen Sinn, sondern nur ein Sufra. »Das ist eine Art Tischtuch von gegerbtem Leder, das am Rand mit farbigen Streifen, Fransen und Verzierungen versehen ist. Es enthält eine Anzahl von Taschen und kann, wenn es zusammengelegt wird, als Vorratssack für Eßwaren benützt werden.«
Auf Fransen und Taschen können Sie bei einer Beduinenparty verzichten. Auch braucht das Tuch, das Sie auf den Boden legen, nicht aus Leder zu sein.
Allerdings sollten Sie, neben dem Händewaschwasser in Kannen oder Schüsseln, auch Handtücher oder Servietten bereithalten. Sonst kann es peinlich werden, falls Sie nicht gerade einen ganz echten Beduinenscheik zur Hand und Sir David Lindsays Glück haben, der auch nicht wußte, wie und wo er seine Hände abtrocknen sollte. »Der Scheik sah das und hielt ihm sein Haïk (weites Übergewand) hin. ›Sage Deinem Freund‹, bat er dann Kara Ben Nemsi, ›daß er seine Hände an meinem Kleid trocknen soll! Die Engländer verstehen wohl nicht viel von Reinlichkeit, denn sie haben nicht einmal ein Gewand, woran sie sich abtrocknen können.‹«
Von den Deutschen hatte der Scheik eine höhere Meinung: Kara Ben Nemsi trug ein arabisches Gewand und hatte sich, als Sir David noch hilflos mit nassen Händen dasaß; die seinen bereits daran abgetrocknet. (GW 1)
Die reizende Szene ist ein anschauliches Beispiel dafür, von welchen Kleinigkeiten vorschnelle Urteile über fremde Völker abhängen können. Also urteilen Sie bitte nicht vorschnell über die Araber! Und sollten Sie Gast bei einer Beduinenparty sein und nichts mehr essen wollen, so sagen Sie ganz einfach: »El Hamdulillah!« So steht es bei Karl May.

# Gekochtes Hammelfleisch-Kima

**Das brauchen Sie:**

Gut 1 kg Hammelkeule, 250 g weiße Bohnen, 250 g Kichererbsen, 1 l Würfelbrühe, Salz, Pfeffer, 2 Zwiebeln, 3 EL Zitronensaft, 1 kräftige Prise Kurkuma (auch Gelbwurz genannt), 1 kleine geriebene Zwiebel.

**Das müssen Sie tun:**

Bohnen und Kichererbsen über Nacht einweichen.
Die Keule entbeinen, das Fleisch in walnußgroße Würfel schneiden und dann auf den Boden eines ziemlich großen Topfes legen. Mit Salz und Pfeffer würzen. Die 2 Zwiebeln grob geschnitten darauflegen. Darüber die abgegossenen Bohnen und Kichererbsen. Würfelbrühe zugießen, aufkochen, abschäumen, 1 Stunde leise kochen lassen. Danach Zitronensaft und Kurkuma in die Brühe rühren. Nochmals eine gute Stunde kochen. Eventuell Wasser nachfüllen. Dann Bohnen und Kichererbsen nebst Zwiebelstücken herausnehmen und durch eine Haarsieb passieren. Eventuell etwas Kochbrühe zu diesem Püree geben, das mit der geriebenen Zwiebel und eventuell noch etwas Salz und Pfeffer abgeschmeckt wird.
Auf dem flachgestrichenen Püree die Fleischstücke servieren.

**Das sollten Sie beachten:**

Lamm ist besser als Hammel. Das Fleisch kann auch im ganzen Stück bleiben und wird erst beim Servieren geschnitten. Würzen des Pürees mit zerdrücktem Knoblauch ist nicht verboten. Kurkuma bekommen Sie notfalls in der Apotheke.
Die Kochbrühe kann als Suppe getrennt serviert werden.

**Dazu gibt es:**

Eingelegte Gürkchen, Melonenstücke, Perlzwiebeln.

# Beim kurdischen Dorfältesten

Spinduri war seinerzeit ein recht ansehnliches Dorf in Kurdistan, von besonders vielen Pappelbäumen umstanden und anscheinend auch sehr beliebt bei Reisenden, die dort ihr Recht auf kostenlose Unterbringung geltend machen wollten. ›Recht‹, das war zum Beispiel ein Empfehlungsbrief, wie ihn Kara Ben Nemsi vorweisen konnte.
Ja, das waren eben noch Zeiten im türkischen Großreich: Hatte man Empfehlungsbriefe von den richtigen Leuten, dann konnte man nicht nur wohnen, sondern auch speisen, ohne dafür bezahlen zu müssen. Trinkgeld allerdings durfte man geben.
Und so war es in Spinduri beim Malkoegund, dem Dorfältesten: »Wir wurden in ein Gemach geführt, in dem mittels Teppichen zwei weiche Lager bereitet waren. In der Mitte aber hatte man das Abendessen aufgetragen ... Jetzt, da der Hausherr zugegen war, wurde die Hauptschüssel aufgetragen. Sie enthielt Kapameh, Hammelbraten in saurer Sahne gebacken, und dazu wurde Reis gegeben, der mit Zwiebeln abgesotten war.« (GW 2)
Sofern Sie nicht koscher essen müssen, ist diese Hammelgericht sehr zu empfehlen. Frommen Israeliten ist es verboten, da sie »das Lamm nicht in der Milch seiner Mutter kochen« und essen dürfen.

# Hammelbraten ›Kapameh‹

**Das brauchen Sie:**

750 g Hammelkeule in Würfel geschnitten, 2 Zwiebeln, Salz, schwarzen Pfeffer, ½ l Yoghurt, 1 EL Stärkemehl, 1 TL Salz, 2 Knoblauchzehen, 1 TL gemahlenen Koriander, 2 EL Butter.

**Das müssen Sie tun:**

Fleisch und die in Scheiben geschnittenen Zwiebeln in 1 EL Butter ganz kurz anbraten, dann mit Salz und Pfeffer würzen, 1 Tasse Wasser zugeben und auf kleiner Hitze etwa 1½ Stunden schmoren. Eventuell während der letzten Minuten ohne Deckel und auf größerer Flamme kochen, damit die Flüssigkeit bis auf einen ganz kleinen Rest verdampft.
Yoghurt mit Stärkemehl verrühren und zu dem Fleisch geben. Durchrühren und noch 10 Minuten auf kleiner Hitze kochen lassen.
Inzwischen zerdrückten Knoblauch und Koriander in der restlichen Butter anrösten und dann über das Fleisch gießen.

**Das sollten Sie beachten:**

Das Fleisch muß für dieses Gericht mager sein; die Würfel sollen etwa 3 cm Seitenlänge haben.
Kurz nach dem Hinzufügen des Yoghurt nochmals mit Salz und Pfeffer abschmecken.

**Dazu gibt es:**

Am besten trockenen weißen Reis. Reis, der mit abgeschmälzten Zwiebeln vermischt oder übergossen ist, scheint mir nicht die beste Beilage, auch wenn sie im Kurdendorf Spinduri dazu gegeben wurde. Dann ziehe ich schon eher Safran-Reis oder mildgewürzten Curry-Reis vor.

# In Boschaks ›gefährlicher‹ Küche

Als Kara Ben Nemsi mit Hadschi Halef Omar und anderen Gefährten in den Schluchten des Balkans reiste, hatte er auch in dem kleinen Ort Dschnibaschlü gefährliche Abenteuer zu bestehen. (GW 4)
Gefährlicher noch als die Kugeln seiner Feinde jedoch war die Kochkunst seines Gastgebers, des dicken Bäckers Boschak: »Auf dem Boden stand ein hölzernes, niedriges Gefäß, wie man es je nach der Gegend Deutschlands ein Schaff, Schäffel, Stutz usw. nennt. Über dessen Rand waren drei starke Drähte gelegt. An dem mittleren Draht steckte das geschlachtete Schaf. Über seinen Leib und über die beiden anderen Drähte hinweg hatte man Holzscheite gestapelt, und hierauf war dieser Scheiterhaufen in Brand gesteckt worden. Das Schaf wurde oben schwarz angekohlt, darunter briet es, und weiter abwärts blieb sein Fleisch und Gemüt von der Wärme unberührt. Aus der bratenden Schicht aber tropfte das Fett in schauderhaft langweiligen Pausen auf den Boden des Gefäßes, wo ich eine Schicht Reis liegen sah.« Als Kara Ben Nemsi diese Grillmethode kritisierte, antwortete der Bäcker: »Effendi, man merkt, daß du ein Fremder bist! Anders würde ich dem Fleisch den Hochgenuß nehmen.« Frage, ob der Reis denn weich werde? »Das darf der ja gar nicht. Der Pilaw muß schnurpsen, prasseln. Weich schmeckt er nicht.«
Als dann der Bäcker auch noch mit schmutzigen Fingern in den Reis langte, um hineingefallene Holzstücke herauszuklauben, da wandte sich der Gast mit Grausen ...
Dieses Rezept ist so genau beschrieben, Sie können es also gern nachvollziehen. Vorsichtshalber gebe ich Ihnen aber erst noch ein anderes Rezept, das garantiert weniger Umstände macht und vermutlich noch besser schmeckt.

# Hammel-Pilaw

**Das brauchen Sie:**

1 große Zwiebel, 3 EL Butterfett oder Öl, 500 g Hammelfleisch, Salz, schwarzen Pfeffer, 1/2 TL gemahlenen Zimt, 2 entkernte und kleingewürfelte Paprikaschoten, 500 g Langkornreis, 1 Messerspitze Safran.

**Das müssen Sie tun:**

Zwiebel kleinschneiden und im Butterschmalz in einem großen Topf mit dickem Boden hellgelb werden lassen. Fleisch grob würfeln, zugeben und anbraten. Würzen mit Salz, Pfeffer, Zimt.
1/4 l Wasser zugeben und zugedeckt etwa 1 Stunde schmoren lassen. Nach 45 Minuten die kleingewürfelten Paprikaschoten zugeben. Dann 3/4 l heißes Wasser zugießen und den gewaschenen Reis und den Safran zugeben. Kurz und vorsichtig umrühren. Nach dem Aufkochen die Hitze klein stellen, den zugedeckten Topf gut 15 Minuten darauf lassen.
Beim Umfüllen in eine Schüssel erst den Reis abschöpfen, dann Fleischwürfel mit Sauce darüber.

**Das sollten Sie beachten:**

Jeder Reis kann anders sein, deshalb kann die Menge des heißen Wasser, in die der Reis geschüttet wird und das er ja gänzlich aufsaugen soll, nicht genau angegeben werden. Auch die Garzeit mag um einige Minuten differieren.
Statt Safran kann man Tomatenpüree oder enthäutete Tomaten an den Pilaw geben.

**Dazu gibt es:**

Nur einen Salat. Wir können uns (im Gegensatz zu Anhängern des Propheten) auch ein Glas Rotwein erlauben.

## Sehr unterschiedliche Genüsse

Bei der Jagd nach dem Erzbösewicht Kara Nirwan, dem ›Schut‹, erleben Kara Ben Nemsi und Hadschi Halef Omar zusammen mit ihren Gefährten zwar sehr viele aufregende Abenteuer. Dafür sind jedoch echte Gaumengenüsse in den unwirtlichen Schluchten Nord-Albaniens äußerst dünn gesät. Selbst der größte Appetit wird immer wieder durch unvorstellbaren Schmutz in den Gasthöfen verdorben.
Kein Wunder, daß Kara Ben Nemsi lebhaft an ein Beduinenmahl in Nordafrika erinnert wird. Der Scheik hatte damals während des Essens »einige allzu lebhafte Tierchen aus dem Nacken geholt und sie vor aller Augen zwischen den Nägeln seiner Daumen guillotiniert und dann mit den Händen, ohne sie vorher abzuwischen, aus dem Pilaw eine Kugel gerollt«, um diese dem deutschen Effendi als Ehrenbissen in den Mund zu schieben. Kara Ben Nemsi konnte gerade noch geistesgegenwärtig den neben ihm sitzenden Krüger Bei, den ›Herrn der Leibscharen‹ des Herrschers von Tunis, für den noch würdigeren Gast erklären und prompt ihm die Reiskugel in den Mund stopfen. (GW 6)
Köstliche Speisen gab es dann erst auf der bald danach folgenden Reise in die Wüste des Zweistromlandes zu den Haddedihn, zum Beduinenstamm Hadschi Halef Omars. Schon zum Frühstück Kaffee und »duftende Kebab, kleine, über dem Feuer geröstete Fleischstücke, die sehr gut schmeckten«. Mußten sie wohl, hatte sie doch Hanneh zubereitet, Halefs Weib, die »lieblichste der Frauen, Sonne unter den Sternen des weiblichen Geschlechts«.
Nun ist solch ein Kebab gewiß nicht das übliche Beduinenfrühstück, sondern nur ganz bedeutsamen Anlässen vorbehalten. Das ändert jedoch nichts an der Tatsache, daß Kebab eine köstliche Fleischmahlzeit ist, deren Genuß auch Sie sich hin und wieder gönnen sollten.

# Kebab nach Art der Haddedihn

**Das brauchen Sie:**

600 g Lamm- oder Hammelfleisch aus der Keule, gut ¼ l Yoghurt, 1 Zwiebel, Salz, schwarzen Pfeffer aus der Mühle.

**Das müssen Sie tun:**

Fleisch in Würfel von etwa 2 cm Seitenlänge schneiden. Yoghurt schlagen. Zwiebel schälen, in Stücke schneiden, durch eine Knoblauchpresse drücken und mit dem Yoghurt verrühren. Kräftig mit Salz und Pfeffer würzen. Fleischwürfel mit der Yoghurtmarinade vermischen und mindestens 3–4 Stunden ziehen lassen. Danach mit Küchenkrepp abtrocknen, auf Spieße stecken und über weißglühender Holzkohle auf allen Seiten schön braun rösten.

**Das sollten Sie beachten:**

Nur bei starker Hitze werden die Fleischwürfel so, wie sie sein müssen, nämlich außen knusprig und innen noch ein bißchen rosa. Auch ein Elektrogrill kann benutzt werden, er liefert allerdings nicht das typische Aroma. Im Orient bestreut man die Fleischwürfel, die gleich groß sein müssen, gern noch mit ganz wenig Zimt. Ja, Sie haben richtig gelesen: Zimt! Haben Sie Mut und versuchen Sie es! Und wenn auch nur an einem kleinen Ende eines Spießchens.

**Dazu gibt es:**

Bei den Beduinen meistens Fladenbrot.
Sehr gut schmeckt auch körnig gekochter Reis.
Als weitere Beilage grüner Salat oder Tomaten-Paprikaschoten-Salat.

## Köstliche Köfte

Sie sind sehr viel kleiner als ähnliche Erzeugnisse der deutschen Küche, die Koftet oder Köfte, wie man die orientalischen Fleischbällchen nennt. Obwohl es sich um eine Resteverwertung handelt, sind sie kleine kulinarische Kostbarkeiten. Auch Kara Ben Nemsi weiß davon zu berichten. Es war in Kairo. Für ihn war dort noch vieles neu. Er hatte die Bekanntschaft des dicken türkischen Händlers Murad Nassyr gemacht. Noch ahnte er nicht, welche üble Rolle dieser dunkle Ehrenmann bei den Sklavenhändlern spielte, setzte sich also mit gutem Appetit zum wohlverdienten Mahl. Es gab »eine große Platte mit einem hohen Berg von fettem Reis mit gehacktem Hühnerfleisch«.
Und dann: »Gabel und Löffel gab es nicht. Wir aßen nach Landessitte: das heißt, wir langten mit den Händen in den Haufen, ballten den Reis zu Kugeln und steckten sie in den Mund. ›Steckten‹, das kann ich allerdings nur auf mich beziehen, denn der Dicke steckte nicht, sondern warf. So oft er eine Kugel geformt hatte, öffnete er den Mund, warf sie hinein, klappte die Öffnung zu, ein Druck, ein Schluck, und sie war hinunter. Ich war neugierig, ob er das Ziel einmal verfehlen würde, mußte aber einsehen, daß seine Geschicklichkeit dazu viel zu groß war. Murad traf die Öffnung stets genau.« (GW 16)
Es ist ein Heidenspaß, wenn Sie Ihren Gästen einmal ein arabisches Mahl servieren und dann jeder mit den Händen zulangen muß. Bitte aber nur im Freien veranstalten! Ich muß Ihnen bestätigen, daß es außerordentlich schwierig ist, Reis mit den Fingern zu essen. Ich habe mich, ehrlich sei es gestanden, immer schauderhaft dabei verkleckert.
Mit den Fleischbällchen der Köchin Fatma werden Sie keine Schwierigkeiten haben, sie sind gleich zum Werfen gemacht, können jedoch auch mit der Gabel genossen werden.

# Fleischbällchen ›Fatma‹

**Das brauchen Sie:**

2 gekochte Hühnerbeine, 3 Scheiben entrindetes Toastbrot, Milch, 1 Ei, 1 Prise Kurkuma (Gelbwurz, kann auch wegbleiben), Salz, weißen Pfeffer, Mehl, Ausbackfett, 1 Zitrone, 1–2 EL Pistazienkerne, gesalzen.

**Das müssen Sie tun:**

Das enthäutete Hühnerfleisch durch den Fleischwolf drehen, Weißbrot in Milch einweichen und dann ausdrücken. Beides mit dem Ei verkneten. Würzen mit Kurkuma, Salz, Pfeffer und ganz wenig abgeriebener Zitronenschale. Bällchen von der Größe einer Kirsche rollen, in Mehl wälzen und dann im tiefen Fett schön knusprig ausbacken. Auf Küchenkrepp entfetten und vor dem Servieren mit Zitronensaft beträufeln.
Besonders delikat werden die Bällchen, wenn man in jedes, sozusagen als Kern, eine Pistazie gibt.

**Das sollten Sie beachten:**

Jede Art Fleisch von Huhn oder Puter läßt sich für diese Fleischklößchen verwenden.
Mit Zahnstochern gereicht, sind sie hervorragende Cocktailhäppchen. Sie können heiß und kalt serviert werden. Heiß schmecken sie mir besser.

**Dazu gibt es:**

Heiße Bällchen: Reis und eventuell Tomatensauce.
Warme Bällchen als Häppchen: Cocktail-Sauce zum Dippen.
Kalte Bällchen zu Getränken: nur Zahnstocher zur besseren Handhabung.
Für eine Hauptmahlzeit sollten die Zutaten und die Größe der Fleischbällchen verdoppelt werden.

# Hochzeitsschmaus der Beduinen

Es war einer der wichtigsten Tage im Leben des kleinen Halef Omar Ben Hadschi Abdul Abbas Ibn Hadschi Dawuhd al Gossarah: seine Hochzeit mit Hanneh, der schönsten Blume unter den Töchtern der Wüste. Zu seinem größten Leidwesen war es vorläufig nur eine Scheinheirat, die es Hanneh ermöglichen sollte, mit in die heilige Stadt Mekka zu pilgern. Die Hochzeit fand, nicht weit von der Bannmeile um Mekka entfernt, mitten in der Wüste statt, im Lager der Ateïbeh-Beduinen. Weil Hanneh die Enkelin eines mächtigen Scheiks war und Halef der Freund Kara Ben Nemsis, gab es trotz der Scheinheirat das traditionelle Festmahl. »Es wurde ein Hammel geschlachtet und gebraten. Während er an einem Spieß über der Glut hing, hielt man ein Scheingefecht, wobei aber nicht geschossen wurde. Als die Nacht hereinbrach, begann das Mahl. Nur die Männer aßen, und erst als sie satt waren, bekamen die Frauen die Überreste.« (GW 1)
Sicher möchte mancher Gartenbesitzer zur Abwechslung ein ganzes Lamm braten. Sehr gut wäre auch ein Zicklein, das bei den Beduinen als Hochzeitsschmaus noch mehr geschätzt wird, aber seltener verfügbar ist. Ich warne jedoch alle Grill-Enthusiasten davor, ein ganzes Lamm oder Zicklein über offenem Feuer zu braten. Man kommt dabei kaum ohne eine Spezialeinrichtung aus, einen großen Spieß zum Drehen. Daran muß man das Tier sehr gut mit Draht befestigen, damit es sich auch wirklich mit dem Spieß dreht. Am besten macht man zwei Feuerreihen, zwischen denen ein Raum von 50 cm frei ist, in den man die Fettwanne stellen kann. Die Hitze kommt dann von beiden Seiten, ist intensiver und gleichmäßiger. Man wird aber selbst bei einem Lamm 2 bis 3 Stunden grillen müssen.
Ich schlage deshalb eine einfachere Methode vor. Ein Beduinen-Hochzeitslamm nach ihr zubereitet, ist für alle Gäste bestimmt eine größere Überraschung als das sattsam bekannte Spanferkel. Außerdem ist es viel köstlicher.

# Mahschi – Gefülltes Lamm

**Das brauchen Sie:** (für ca. 15 Personen)

1 Lamm oder Zicklein von etwa 15 Pfund, Saft von 3–4 Zwiebeln, 2 EL gemahlenen Koriander, 1 TL gemahlenen Ingwer, Salz und schwarzen Pfeffer. Zur Füllung 1 kg Reis, $1/2$ TL Safran, 2 gehackte Zwiebeln, 2 EL Öl, 125 g gehackte Mandeln, 125 g gehackte Pistazien, 125 g gehackte Walnüsse, 200 g Rosinen, Salz und Pfeffer.

**Das müssen Sie tun:**

Lamm feucht ab- und ausreiben, dann innen und außen mit Zwiebelsaft befeuchten und mit Koriander, Ingwer, Salz und Pfeffer einreiben. Eine Stunde stehen lassen.
Reis körnig kochen. Safran, angedünstete Zwiebeln, Mandeln, Pistazien, Nüsse und Rosinen dazu. Abschmecken mit Salz und Pfeffer.
Das Lamm damit füllen und zunähen.
Im vorgeheizten Ofen bei etwa 250 Grad in einer Fettwanne anbraten, dann sehr bald die Hitze auf 200 Grad verringern. Fleisch häufig mit eigenem Bratsaft begießen. Nach gut 2 Stunden müßte es knusprig und gar sein.

**Das sollten Sie beachten:**

Das Lamm muß vor dem Anschneiden etwa 10 Minuten ruhen. Auf großer Platte oder Brett servieren. Dekorieren mit Petersilienbüschel, hartgekochten Eiern und Zwiebelscheiben. Fünfzehn Personen können sich an diesem Gericht satt essen.

**Dazu gibt es:**

Außer Füllung und Dekoration höchstens noch Brot und Gurkensalat.

# Eine nordafrikanische Spezialität

Karl May nennt sie Kuskusu. Wir kennen sie in der französischen Schreibweise Couscous, Kuskus ausgesprochen. Über Frankreich ist diese nordafrikanische Spezialität in Europa bekannt geworden. Kara Ben Nemsi hat diese Spezialität oft gegessen und mehrfach beschrieben. Einmal stellt er fest: »Ich esse Fleisch und Kuskusu nur des Abends, wenn ich die Reise des Tages beendet habe ... Kuskusu ist ein aus grob gemahlenem Weizenmehl bereitetes Lieblingsgericht der Araber.« (GW 10) Oder der Mueddin ruft: »Schlachtet die Schafe und Lämmer, backt Brot und kocht fetten Kuskusu!« (GW 60)
Heute kann man Couscous-Grieß in Kaufhäusern, in Delikatessen-Handlungen oder in Geschäften für nordafrikanische Gastarbeiter kaufen. Dieser Spezial-Grieß wird mit 1 Tasse Wasser befeuchtet und von Anfang an in einem Sieb über den Fleisch-Gemüse-Teil des Gerichts gehängt. Sollte das Sieb zu großlöchrig sein, so legt man es mit einem Mulltuch aus. Der Deckel muß ganz fest aufliegen. Während der Garzeit nochmals etwas heißes Wasser über den Grieß tröpfeln. Man kann auch einen Dampftopf mit Locheinsatz verwenden, muß dann allerdings das Ventil herausschrauben. Ist der Couscous-Grieß gar, was gleichzeitig mit dem Fleisch der Fall sein müßte, so vermischt man ihn in einer Schüssel noch mit Butter. Grieß, Fleisch, Gemüse und Brühe kommen zusammen auf jeden (tiefen) Teller. Dazu nimmt man sich je nach Geschmack etwas von der scharfen Sauce, die separat in einem Schälchen serviert wird.

# Festlicher Kuskusu

**Das brauchen Sie:** (für 6 Personen)

Jeweils 300 g Hammel- und Rindfleisch, ½ Huhn, Salz, Pfeffer, 2 Lorbeerblätter, 3 Möhren, ½ Sellerieknolle, 2 große Zwiebeln, 2 Lauchstangen, 2 Paprikaschoten, 1 Aubergine, 2 Courgettes (Zucchini), 1 TL Harissa-Paste (ist aus Spanischem Pfeffer, wird auch als Couscous-Paste verkauft), 500 g Couscous-Grieß, 150 g Butter.

**Das müssen Sie tun:**

Alles Fleisch außer Huhn mit Salz, Pfeffer, Lorbeerblättern, ganzen Möhren und Sellerieschreiben in viel Wasser kochen. Nach 45 Minuten zugeben: Huhn, Zwiebelscheiben, halbierte Lauchstangen, entkernte und geviertelte Paprikaschoten sowie Auberginen und Courgettes, geschält und in dicke Scheiben geschnitten. Weitere 60 Minuten kochen lassen.
Kurz vor dem Anrichten 1 Tasse Brühe herausnehmen und mit der Harissa-Paste verrühren. Dann das Fleisch herausnehmen und in Portionsstücke teilen.
Den Couscous-Grieß wie auf der linken Seite beschrieben zubereiten.

**Das sollten Sie beachten:**

Kuskusu wird in vielen Variationen zubereitet. Man kann andere Fleischsorten und andere Gemüsearten verwenden.
Wer seinen Kuskusu ganz echt genießen will, der koche noch 100 g Kichererbsen, die eine Nacht lang eingeweicht waren, mit etwas Salz weich und mische sie beim Servieren unter den Couscous-Grieß.
Als Harissa-Sauce kann man auch Tomatenmark mit Tabasco-Sauce und Fleischbrühe verrühren.

**Dazu gibt es:**

Außer den reichlichen Zutaten natürlich nichts weiter.

# Heilung durch Fische

In einem alten Buch über arabische Volksarzneien steht folgendes Rezept: Wer von unerklärlichen Krankheiten befallen ist, besonders Impotenz, gehe zu einem Quacksalber. Der wird ihm sagen, daß etwas gegen ihn geschrieben und dann von einem Fisch verschluckt wurde. Gegen angemessene Bezahlung wird der Quacksalber diesen Fisch und in seinem Maul tatsächlich einen Zettel schlimmen Inhalts finden. Sobald der Kranke den Fisch gegessen hat, wird er geheilt sein.
Auch diese Geschichte beweist, welch hohes Ansehen der Fisch seit je im Orient genießt. In Ägypten war es üblich, daß die erste Mahlzeit, die man in einem neuen Haus einnahm, aus Fisch bestehen mußte. In Persien ißt man Fisch zu Neujahr. Und dem verwundeten Kara Ben Nemsi und seinen erschöpften Freunden Hadschi Halef Omar und Sir David wurden in den Kurdischen Bergen ebenfalls Fische vorgesetzt (GW 3). Dabei dürfte es sich um eine Art von Forelle aus den Gebirgsbächen gehandelt haben, höchstwahrscheinlich gegrillt. Das ist eine sehr schmackhafte Art der Zubereitung, die bei deutschen Grill-Fans noch viel zu wenig bekannt ist. Besonders gut werden die Fische, wenn man sie vorher nach persischer Art, die man auch in Kurdistan kennt, mariniert.
Wer sich beim Fischessen allerdings ganz streng an die Gebote des Propheten halten will, der muß auf ›schuppenlose‹ Arten, zu denen auch der Stör zählt, verzichten: Sie sind angeblich ›unrein‹. Weshalb die Perser schon in alten Zeiten ihren Kaviar den Russen überließen. Gegen gute Bezahlung natürlich.

# Kurdische Forelle

**Das brauchen Sie:**

4 Forellen, 2 Zitronen, 2–3 EL Öl, ½ Zwiebel, Salz, 4 kleingeschnittene Estragonblätter oder 1 Prise getrockneten Estragon.

**Das müssen Sie tun:**

Forellen ausnehmen, waschen und die Flossen abschneiden. In jede Seite zwei bis drei Einschnitte quer zum Rückgrat machen, die nur etwa 2–3 mm tief sein sollen.
Saft der Zitronen mit Öl, dem durch die Knoblauchpresse gedrückten Zwiebelstück, Salz und Estragon sehr kräftig verrühren. Damit die Forellen außen und innen einreiben und etwa eine Stunde stehenlassen.
Auf vier kleine Spieße stecken, mit Draht festbinden und über glühender Holzkohle grillen. Dabei restliche Marinade einpinseln.

**Das sollten Sie beachten:**

Es können auch andere Kräuter für die Marinade verwendet werden, z. B. Basilikum, Fenchel oder ganz wenig Thymian. Auch Seefische können auf diese Weise zubereitet werden. Es ist einfacher, wenn man die Fische zwischen einen Grill legt, den man wie ein Waffeleisen zusammenklappen kann. Dabei besteht jedoch die Gefahr, daß die Haut an den Stäben, die noch so gut eingeölt sein können, festklebt.
Fische dieser Größe dürfen nicht zu nahe an der Holzkohlenglut gegrillt werden, da sie sonst zerrreißen.

**Dazu gibt es:**

Brot oder Kartoffeln in der Folie. Außerdem jede Art von Salat.

## So schmeckt kalter Fisch

Es gibt eine Bilderbuchvorstellung vom Mittleren Orient, nach der das ganze riesige Land nur aus Wüste besteht. So einförmig ist die Wirklichkeit nicht. Es gibt auch dort Gebirge, fruchtbare Felder und grüne Flußtäler. Und außer Kamelen, Schafen und Gazellen auch Fische. Nicht umsonst war Hadschi Halef Omar ein begeisterter Jünger Petri. Und als er mit Kara Ben Nemsi auf dem uralten Reiseweg unterwegs war, den schon Alexander der Große genommen hatte, um nach Erbil (Arbela) zu kommen, begab sich folgendes: »Wir fanden eine schattige, für unseren Zweck passende Uferstelle und stiegen ab. Halef schnitt eine lange Rute aus dem Gebüsch, befestigte seine Ssnnara (Angel) daran und gab sich dem von ihm leidenschaftlich betriebenen Fischfang hin, bei dem er heute Glück hatte; denn er brachte es in kurzer Zeit zu einem Vorrat, der mehr als ausreichend für heute abend war.« (GW 23)
Im Orient ißt man Fische sehr häufig kalt. Zu diesem Zweck legt man sie entweder in gewürzter Marinade ein oder ißt sie lediglich mit einer pikanten Sauce.
Nehmen wir an, daß Halefs Fische gekocht oder gebraten wurden, in jedem Fall ist eine Sauce dazu möglich gewesen, die zu den uralten arabischen Küchentraditionen gehört. Das Rezept wurde schon im Mittelalter von El-Baghdadi aufgeschrieben. Die einzige Modernisierung, die ich vorgenommen habe: Ersatz der zerstoßenen Senfkörner durch fertigen Senf.

# El-Baghdadi-Sauce (zu Fisch)

**Das brauchen Sie:**

125 g geschälte Mandeln, 1 EL Weinessig, 1 EL mittelscharfen Senf, etwas kaltes Wasser.

**Das müssen Sie tun:**

Die Mandeln mahlen und mit Essig und Senf verrühren. Dann so lange Wasser unter ständigem Rühren in kleinen Mengen zugeben, bis eine geschmeidige Sauce entstanden ist.

**Das sollten Sie beachten:**

Die Mengen von Essig und Senf können (und müssen vielleicht) geändert werden, da beide Zutaten in unterschiedlicher Schärfe zur Verfügung stehen. Außerdem sind Vorliebe und Abneigung gegen Schärfe individuell verschieden.
Ich nehme zu den genannten Zutaten gern noch 1 EL Mayonnaise und rühre sie unter die Sauce. Manche Araber geben etwas frisch geriebenes Weißbrot dazu und behaupten, das runde den Geschmack der Sauce sehr viel besser ab. Meiner Ansicht nach erreicht man das aber genauso durch die Mayonnaise.

**Dazu gibt es:**

Jede Art von gekochtem oder gebratenem Fisch, der kalt gereicht wird. Man serviert den ganzen Fisch oder die ganzen Filets bei Zimmertemperatur und gibt die Sauce in einem kleinen Schälchen dazu.
Dazu Brot, auch Tomaten oder frische Gurkenstücke.

# Romantisches Reis-Ritual

Die großen, runden Messingplatten, die man in den orientalischen Bazars von Marokko bis Indien kaufen kann, sind am schönsten, wenn man von ihrer kunstvollen Ziselierung kaum etwas sieht, weil sie vollgepackt sind mit dampfendem, körnigem Reis. Solche Platten sind dann Mittelpunkt jedes echt arabischen Essens.
Der Reisgenuß kann höchstens getrübt werden durch, nun, sagen wir orientalische ›Großzügigkeit‹. Kara Ben Nemsi mußte diese Erfahrung bei dem Türken Murad Nassyr in Kairo machen. Erst einmal mußte er fürchten, hungrig zu bleiben, weil er mit seinem Gastgeber im Reisvertilgen nicht Schritt halten konnte, aber: »Glücklicherweise bin ich kein starker Esser und hatte bei der Größe des Reisbergs die Hoffnung, satt zu werden. Eben nahm ich wieder eine Handvoll davon, fühlte aber, daß ich Widerstand fand. Ich zog und zog – eins, zwei, drei, vier dunkle Frauenhaare aus dem Reis. Dabei mochte mein Gesicht sich auch etwas in die Länge ziehen; denn Murad Nassyr wurde aufmerksam und fragte: ›Was ist's? Hast Du Dir die Lippen verbrannt?‹ – Ich zeigte ihm die Haare. Er nahm sie mir aus der Hand und betrachtete sie freundlich. ›Was weiter? Allah läßt beides wachsen, den Reis und auch die Haare. Aus seiner Hand kommt alles.‹« (GW 16)
Natürlich hüte ich mich, Ihnen derlei Zutaten zu empfehlen. Aber deutsche Hausfrauen können von ihren arabischen Schwestern lernen, daß Reis immer körnig und duftig sein muß! Auch sollten Sie die im Rezept empfohlenen Beimengsel durchaus einmal probieren, sie passen überall und machen den Reis ›interessant‹.

# Reis nach Araberart

**Das brauchen Sie:**

500 g Langkornreis, 1 Prise Salz, 2 EL Pinienkerne, 3 EL Rosinen, 2–3 EL Butter oder Butterschmalz.

**Das müssen Sie tun:**

Reis so lange waschen, bis das Wasser klar bleibt. Abtropfen lassen. Reis mit einer Tasse messen, dann für jede Tasse Reis eine Tasse Wasser in einem Topf mit dickem Boden zum Kochen bringen. Reis, Salz, Pinienkerne und Rosinen hineinschütten. Unter Umrühren aufkochen lassen, dann fest zudecken und 15–20 Minuten auf ganz kleiner Hitze quellen lassen. Danach Deckel abnehmen und offen weitere 5 Minuten abseits vom Feuer ruhen lassen. Schließlich das geschmolzene Fett über den Reis gießen, umrühren und servieren.

**Das sollten Sie beachten:**

Jede Reisart gart unterschiedlich, also immer versuchen, ehe man ihn vom Feuer nimmt. Er darf auf keinen Fall zu weich sein.
Natürlich können Sie Pinienkerne und Rosinen oder nur das eine oder andere auch weglassen. Manche mögen aus geschmacklichen Gründen oder wegen ihres ausgeprägten Kalorienbewußtseins keine Butter im Reis. Dann bitte einfach weglassen.
Ein gutes Zeichen, daß der Reis gar ist, sind die charakteristischen kleinen Löcher, die sich dann wie Miniatur-Mondkrater an seiner Oberfläche zeigen.

**Dazu gibt es:**

Alle Fleischgerichte und Gemüse-Eintöpfe, die Sie wollen.

## Das tägliche Khubz

Ob bei Stadtarabern, Beduinen oder Kurden, überall bekam Kara Ben Nemsi flache arabische Brote zu den Mahlzeiten vorgesetzt. Fast immer war dieses Gebäck, Khubz genannt, noch lauwarm und kam frisch aus dem Ofen oder vom Backblech.
Allerdings gab es auch damals schon im Orient (wie überall) oberflächliche Hausfrauen. Eine davon war Mersinah, die ›Seele des Palastes‹ und wenig holdselige Gemahlin von Selim Aga, dem Befehlshaber der Arnauten und Aufseher des Gefängnisses in Amadije. Das Essen war mehr als erbärmlich. »Mersinah kam mit dem Deckel einer alten Holzschachtel, der als Teller diente. Darauf lagen die Eier, unser Ehrenmahl. Daneben gewahrte man einige halbverbrannte Teigfladen, und – auch der berühmte Butternapf stand dabei, umgeben von einigen Eierschalen, in denen sich schmutziges Salz, grob gestoßener Pfeffer und ein sehr zweifelhafter Kümmel befanden. Eierlöffel gab es natürlich nicht.« (GW 2)
Die Khubz-Brotfladen (nicht angebrannte!) findet man auch heute noch überall. In den Städten und Dörfern werden sie von Bäckern gebacken, die sie an die heißen Innenwände gemauerter Backöfen klatschen. Einfache Beduinenfrauen machen ein kleines Feuer, über das ein leicht gewölbtes Blech gelegt wird. Darauf kann man die Fladen mit einem Minimum des kostbaren Brennholzes backen. Die Fladen können rund oder länglich und handteller- bis handtuchgroß sein. Die Brotfladen werden meist als Unterlage für Fleischstückchen verwendet, man bricht aber auch Stücken davon ab, um Sauce oder Ragouts damit zu löffeln. Oder man packt auch Fleisch mit Sauce darin ein und handhabt das Ganze dann wie eine Art Sandwich.
Zu einem stilechten arabischen Essen sind die Fladen unerläßlich. Man kann sie sehr leicht selbst machen. Und sie werden bei Ihnen, verehrte Leserin, garantiert schöner und besser als bei Mersinah aus Amadije in Kurdistan.

# Arabisches Fladenbrot

**Das brauchen Sie:**

15 g Hefe, ¼ l lauwarmes Wasser, 1 Prise Zucker, 500 g Mehl, ½ TL Salz, 2–3 EL Öl.

**Das müssen Sie tun:**

Hefe in ganz wenig von dem lauwarmen Wasser zusammen mit Zucker auflösen und 10 Minuten zugfrei stehenlassen. Mehl und Salz in eine Schüssel sieben. Vertiefung in die Mitte drücken, da hinein die aufgegangene Hefe schütten und unter langsamem Hinzufügen von Wasser einen nicht weichen Teig kneten. Dabei 1–2 EL Öl in den Teig arbeiten. Mit dem restlichen Öl bestreichen, zudecken und aufgehen lassen. Dann nochmals kurz durchkneten, Teigbälle von der Größe eines Enteneis abtrennen und diese auf bemehlter Unterlage etwa ½ cm dick ausrollen. Auf bemehltem Tuch aufheben, mit zweitem bemehlten Tuch zudecken und nochmals kurz gehen lassen.
Backofen auf höchste Temperatur vorheizen. Backblech drin lassen. Auf dieses heiße Blech die runden Fladen legen, mit einigen Tropfen Wasser besprengen und, auf der untersten Schiene eingeschoben, 5–10 Minuten backen. Die Fladen sollen oben nicht bräunen. Sie wölben sich in der Mitte.

**Das sollten Sie beachten:**

Das Backblech ganz wenig einölen.
Die Fladen macht man am besten in der Größe eines Desserttellers. Sie werden nie geschnitten, sondern immer nur gebrochen oder zerrissen.

**Dazu gibt es:**

Alle Arten von orientalischen Gerichten außer Süßspeisen.

# Dem Kürbis zu Ehren

Viele Reiseberichte aus dem Orient vermitteln den Eindruck, als schlemme man dort nur, schlage sich den Bauch ausschließlich mit gegrilltem Lamm und leckeren Häppchen voll. Teilweise entsteht dieses falsche Bild durch die Bemühungen, dem Gast alles zu bieten, was nur irgend möglich ist, selbst wenn die gastgebende Familie dann vierzehn Tage am Hungertuch nagen muß.
Kara Ben Nemsi erlebte jedoch auch den Alltag der Orientalen mit entsprechenden Mahlzeiten: »Das Abendessen war sehr einfach: getrocknete Maulbeeren, Brot, in der Asche gerösteter Kürbis und Wasser.« (GW 2)
Aus dieser Zusammenstellung läßt sich erkennen, wie sehr man auch auf fleischlose Kost angewiesen war. Und im Orient noch immer ist.
Eine ganze Reihe mittelöstlicher Gemüse macht sich auch bei uns auf den Regalen unserer Gemüsegeschäfte breit. Besonders Auberginen, Zucchini (auch Courgettes, franz. für kleine Kürbisse) und Okra (Eibisch). Paprikaschoten, Gurken und Tomaten sind schon ›heimisch‹. Dagegen ist ein anderes orientalisches Gemüse, das bei uns früher gang und gäbe war, jetzt fast verschwunden: der Kürbis. Wenn nicht ab und zu irgendwo einmal eine solche Riesenkugel mit Rekordgewicht in den Zeitschriftenspalten erschiene, wüßten manche jungen Leute vielleicht gar nicht mehr, was das ist.
Die meisten Hausfrauen kennen keine Zubereitungsarten für dieses Gemüse, es sei denn, sie legen sich einige Gläser voll sauer-süßer Würfel ein als Beilage zu Wild oder Siedfleisch.
Für die oben erwähnten gerösteten Kürbisschnitten braucht man nicht unbedingt die Asche eines offenen Feuers, es geht auch in der Pfanne.

# Kürbisschnitten

**Das brauchen Sie:**

1 kg Kürbis, Salz, 1–2 EL Butter, Mehl, Kümmel.

**Das müssen Sie tun:**

Alle Kerne aus dem Kürbis entfernen und das Fruchtfleisch dann in Spalten von knapp 1 cm Dicke schneiden. Diese beidseitig mit ganz wenig Salz bestreuen. Etwa 1 Stunde kühl stellen. Dann mit Küchenkrepp abtupfen, in Mehl wenden und in heißer Butter auf beiden Seiten goldbraun braten. Unmittelbar vor dem Servieren etwas Kümmel auf die heißen Kürbisschnitten streuen.

**Das sollten Sie beachten:**

In guten Gemüsegeschäften kann man Kürbis zuweilen im Anschnitt kaufen; ein ganzer Kürbis ist für eine heutige Durchschnittsfamilie viel zu groß.
Man kann die vorbereiteten Schnitten auch in Ei und dann in Semmelbrösel wenden. Dabei kann man sie salzig halten oder aber dem geschlagenen Ei Zucker und Vanillezucker zusetzen.
Die nur mit Salz behandelten Kürbisschnitten kann man auch auf den Grillrost legen, um sie dann als Beilage zu verschiedenen Fleischgrilladen zu reichen.

**Dazu gibt es:**

Buttererbsen und Salzkartoffeln; ein grüner Salat rundet diese vegetarische Mahlzeit ab.
Gebratene Kürbisschnitten schmecken auch zu Huhn oder Kalbfleisch.

# Die Quelle der Lieblichkeit

Linsen, Erbsen, Bohnen – alle Hülsenfrüchte spielen eine große Rolle in der arabischen Küche. Damals, zu Kara Ben Nemsis Zeiten, und auch noch heute.
In Siut, einer Stadt am Nil halbwegs zwischen Kairo und Assuan, war Kara Ben Nemsi im Palast des Paschas Gast bei dem unförmig dicken Haushofmeister Daud Aga. Dieser echte Schlemmer lobte die Linsen: »Dieses Essen bekommt jedermann; es ist die Quelle der Lieblichkeit. Linsenmehl in Öl gekocht. Es erhebt die Seele zum reinsten der Gefühle und stärkt das Herz für alle Leiden dieser Welt. Nimm und versuche es einmal!«
Als Kara Ben Nemsi abwinkte, weil er auch nicht mehr das kleinste Restchen Appetit hatte, schüttelte Daud Aga den Kopf: »Ihr Christen wißt nie, was ihr tut. Hat doch schon Esau seine Erstgeburt für ein Linsengericht in Öl an den Erzvater Jakob verkauft.« Kara Ben Nemsi bestätigte ihm, daß diese Geschichte auch in der Bibel stehe, allerdings ohne das Öl. Der dicke Haushofmeister war erstaunt: »Steht das Öl wirklich nicht drin? Nun, so ist der Prophet sehr klug gewesen, als er es für uns hinzufügte.« (GW 16)
Machen Sie die Probe aufs Exempel, ob Mohammed wirklich sehr klug war! Das Rezept finden Sie nebenan.

# Linsen Haushofmeisterart

**Das brauchen Sie:**

2 kleingeschnittene Zwiebeln, 6 EL Öl, 1–2 zerdrückte Knoblauchzehen, 250 g Linsen, Saft von 1–2 Zitronen, Salz, schwarzen Pfeffer, ½ TL gemahlenen Koriander, 3 EL kleingeschnittene Petersilie.

**Das müssen Sie tun:**

Zwiebeln in einem Topf mit dickem Boden in Öl hellgelb werden lassen. Knoblauchzehen, die über Nacht vorgeweichten Linsen und Zitronensaft sowie knapp ½ l Wasser zugeben. Umrühren und so lange kochen, bis die Linsen ganz weich sind. Das dauert etwa 1½ Stunden. Linsen zerstampfen. Abschmecken mit Salz, Pfeffer und Koriander. Zum Schluß die Petersilie unter das abgekühlte Püree rühren.

**Das sollten Sie beachten:**

Man kann die Linsen auch nur in Wasser kochen, aber etwas kürzer. Dann mischt man die anderen Zutaten (ohne die Zwiebeln angehen zu lassen) zu einer Marinade, gibt diese über die heißen Linsen, mischt und serviert sie dann abgekühlt als Salat.
Durch einen Dampfdrucktopf kann man Garzeit (und die Stromkosten) erheblich verringern.

**Dazu gibt es:**

Fladenbrot oder kräftiges Weißbrot. Auch knusprig gebratener Kebab schmeckt ganz vorzüglich zu diesem Linsengericht.

# Eierkuchenessen mit ›Vorhang‹

Es war auf dem Weg nach Ostromdscha, als Kara Ben Nemsi und seine Gefährten in einen überraschend guten Gasthof gerieten. Heute sucht man Ostromdscha vergeblich auf der Karte. Es liegt im äußersten Südost-Zipfel Jugoslawiens, in Mazedonien, und heißt jetzt Strumica.
Bei meiner nächsten Fahrt von Skopje nach Griechenland werde ich von der Hauptstraße nach links abbiegen und versuchen, bei Strumica auch das Dörfchen Dabila zu finden. Dort nämlich lag der Gasthof des Handschi Ibarek, der mit seinem wallenden Vollbart gar stattlich ausgesehen haben soll. Er braute sogar sein eigenes Bier, das nach Aussage des Sachverständigen Kara Ben Nemsi ». . . dünn war, sehr dünn, Münchner Gebräu mit der fünffachen Menge Wasser vermischt, aber es schmeckte doch nicht übel. Es war ein Mittel gegen den Durst, weiter nichts.« (GW 4)
Dieses Bierrezept werde ich Ihnen also besser vorenthalten. Aber in jenem Han gab es noch andere Genüsse: »Das Essen wurde uns von zwei recht sauber gekleideten Jünglingen hereingebracht. Es bestand aus mehreren großen und appetitlich duftenden Eierkuchen, zu denen in Essig gelegte und mit Pfeffer gewürzte Melonen und andere frische Früchte gegeben wurden.« Es gab sogar Messer, Gabeln und Löffel sowie, man höre und staune, Mundtücher. Hadschi Halef Omar wunderte sich sehr über die Servietten. Als ihm sein Freund und Herr deren Gebrauch erklärte, meinte er: »Allah akbar! Die vornehmen Leute müssen rechte Tolpatsche sein, wenn sie besondere Vorhänge brauchen, um die Speisen in den Mund zu bringen und sie nicht auf die Kleider zu schütten. Ich habe gelernt, anständig zu speisen, und meine Jacke wird vergebens lüstern sein, diesen wohlschmeckenden Saft der Melone zu trinken.«
Wie wollen Sie es halten?

# Eingelegte Melonen ›Ibarek‹

**Das brauchen Sie:**

1 mittelgroße Netzmelone, ½ l Essig, 750 g Zucker, Salz, 1 TL Ingwerpulver, 1 TL Senfpulver, 6 Nelken, 10 Pfefferkörner.

**Das müssen Sie tun:**

Melone entkernen, schälen und in Würfel von 1–2 cm Seitenlänge schneiden. Essig mit Zucker aufkochen. Unterdessen wenig Salz, Ingwerpulver und Senfpulver über die Melonenwürfel streuen und etwas einziehen lassen. Dann mit Saft in ein Einmachglas füllen. Mullbeutel mit Nelken und Pfefferkörnern dazwischen packen und kochendheißen Essig darüber gießen.
Nach 24 Stunden den Essig abgießen und zusammen mit dem Gewürzbeutel wieder aufkochen und erneut über die Melonenstücke gießen.
Nach weiteren 24 Stunden Essig zusammen mit den Melonenstücken 5 Minuten kochen, wieder in das Glas füllen und mit Einmachhaut verschließen.

**Das sollten Sie beachten:**

Man kann auch dünne Blättchen von kandiertem Ingwer zwischen die Melonenstücke packen.
Nach dem letzten Kochen soll die Flüssigkeit sirupartig sein.
So eingelegte Melonen halten sich 2–3 Monate.

**Dazu gibt es:**

Nach der Art des Handschi Ibarek: Eierpfannkuchen.
Zu kaltem Fleisch jeder Art ebenso wie zu heißem Siedfleisch oder Wild schmecken die eingelegten Melonen ebenfalls ausgezeichnet.

## Eierspeise mit Pfiff

Der Aufenthalt Kara Ben Nemsis im heruntergekommenen Landschloß des Aga Murad Habulam, der mit so ausgezeichnetem Türkischen Kaffee begonnen hatte, wurde rasch für den Deutschen und seine Freunde sehr gefährlich. Der Aga entpuppte sich als ein Mann, der mit dem Schut, einem verbrecherischen Bandenführer, in so mancherlei Beziehung stand. Er war ein zum Islam übergetretener Bruder des wegen Unterschlagung davongejagten Steuereinnehmers von Üsküb. Und wenn damals ein Steuereinnehmer davongejagt wurde, dann mußte er es wahrlich schlimmer als schlimm getrieben haben.
Nun, die Gäste waren also in einem Turm einquartiert worden, der den Namen ›Turm der alten Mutter‹ trug und in dem es spuken sollte.
Der Diener Janik, der Kara Ben Nemsi und seine Freunde zu diesem Turm geleitete, hatte die Schurkereien seines Aga durchschaut und schlug sich heimlich auf die Seite der kleinen Reisegruppe. Und rettete den Gästen das Leben. Als er das Abendessen brachte, warnte er vor einer warmen, prächtig duftenden Eierspeise: »Ihr sollt euch vor dem Jumurta jemji (der Eierspeise) sehr in acht nehmen. Der Aga hat den Teig selbst gemacht und Anka (die Magd und Freundin des Dieners) hinausgeschickt. Sie lauschte aber und bemerkte, daß er die Tüte mit Ssytschan sehiri (Rattengift) aus der Tasche nahm.« (GW 5)
Damit die Eierspeise die Fremden verlocken sollte, war sie natürlich besonders köstlich. Auch Ihnen wird sie bestimmt schmecken – und gut bekommen: Das Ssytschan sehiri habe ich bei der Rezeptur weggelassen!

## Banditen-Omelette

**Das brauchen Sie:**

6 mittelgroße Zucchinis (Courgettes), Salz 1½ EL Butter, 8 Eier, Pfeffer.

**Das müssen Sie tun:**

Zucchinis waschen, gut abreiben und quer in Scheiben von etwa 1 cm Dicke schneiden. In Salzwasser, das sie gerade eben bedeckt, diese Scheiben weichdünsten. Flüssigkeit abgießen.
Feuerfeste Form mit 1 EL Butter ausstreichen, Zucchinischeiben auf den Boden legen. Die Eier kurz schlagen, dabei mit Salz und etwas weißem Pfeffer aus der Mühle würzen. Über die Zucchinischeiben gießen und im vorgeheizten Backofen bei etwa 180 Grad so lange garen, bis die Oberfläche goldbraun ist.
Unmittelbar vor dem Servieren die restliche Butter darauf zerlaufen lassen.

**Das sollten Sie beachten:**

Nicht mehr ganz frische Zucchinis besser schälen!
Man kann nach der Butter noch gehackten Dill überstreuen.
Das Gericht wird am besten in der Backform serviert, und man schneidet dann für jeden ein tortenähnliches Stück heraus.

**Dazu gibt es:**

Wie bei den meisten Balkangerichten Brot und grünen Salat.

# Zuckerzeug für harte Männer (nicht nur!)

Damaskus galt bei den Arabern schon immer als ein Vorhof des Paradieses. Hunderttausend Träume werden von dieser lieblichen Oase überall in der Wüste geträumt, durch die Phantasie der armen Beduinen gaukeln Traumbilder von herrlichen Moscheen, prunkvollen Palästen, grünen Gärten und kühlem Wasser.

Auch Kara Ben Nemsi und sein treuer Halef kamen sich wie im siebenten Himmel vor, als sie nach beschwerlichen Wüstenritten in der alten Kalifenstadt ausruhen durften.

Sie wohnten tatsächlich in einem der märchenhaften Paläste, in denen es marmorkühle Räume, erquickende Brunnen und sogar den Inbegriff aller irdischen Wonnen gab: Nachtigallen.

»Als ich am Morgen erwachte, hörte ich die Bülbül (Nachtigall) locken, die da draußen vor meiner Fensteröffnung auf einem Zweig saß. Auch Halef war schon munter, als ich in sein Gemach trat, trank Kaffee und aß Zuckergebäck dazu... Dann gingen wir hinunter in den Hof, um an dem Wasserbecken eine Pfeife zu rauchen.« (GW 3)

Wir wissen, daß Halef ein Feinschmecker war und auch ein rechter Vielfraß sein konnte, der sogar vor solchen schlimmen Dingen wie Schinken und fetten Schweinewürsten nicht zurückschreckte. Wie alle Orientalen hatte er zudem eine Vorliebe für Süßigkeiten nach der Devise: Auch harte Männer lieben Zuckerwerk.

Versuchen wir also eine der arabischen Süßigkeiten!

# Mandeltropfen

**Das brauchen Sie:**

1 Tasse gemahlene Mandeln, 1 Tasse Puderzucker, 1 kleine Tasse Orangenblüten-Wasser (auch Rosenwasser möglich), ungesalzene Pistazien oder Mandeln, einige EL Puderzucker.

**Das müssen Sie tun:**

Mandeln und Puderzucker miteinander vermischen. Dann nach und nach das Blütenwasser mit dieser Mischung verkneten, bis eine feste Paste entsteht. Diese 10 Minuten ruhen lassen. Inzwischen Hände waschen und abtrocknen und dann kirschgroße Bällchen rollen. Ein kleines Loch hineindrücken, mit gehackten Pistazien oder Mandeln füllen und zudrücken. Bällchen in Puderzucker rollen, in kleine Pralinen-Manschetten setzen und obenauf eine Pistazie oder halbe Mandel als Verzierung drücken.

**Das sollten Sie beachten:**

Man darf sich nicht scheuen, die Masse kräftig mit den Fingern zu kneten.
Sollte man aus Unachtsamkeit etwas zu viel Flüssigkeit zugegeben haben, so fügt man etwas mehr Puderzucker bei.

**Dazu gibt es:**

Kaffee oder Tee; vor allem kaltes Wasser. Dieses, im Orient eine Kostbarkeit, wird dort daher oft auf kunstvoll ziselierten Tabletts in geschliffenen Kristallgläsern serviert. Auch bei uns könnte es bald so weit kommen. Schon in so manchen Großstädten gibt es reines, wohlschmeckendes Wasser nur noch in Flaschen zu kaufen.

## Von Sir David mißbilligt

Bei dem Festmahl in den Zelten der Schammar gab es auch noch zwei süße Vorspeisen. Beduinen-Menüs werden eben anders zusammengestellt als abendländische Festbankette. Wollen Sie also in Ihrem Garten ein Beduinenfest oder eine Kara-Ben-Nemsi-Party veranstalten, so haben Sie bei der Zusammenstellung der Gerichte völlig freie Hand. Sie können sich immer herausreden, daß es bei Beduinen eben so ist. Sollten Sie jedoch das Nudelgericht servieren, dessen Rezept ich Ihnen auf der Nebenseite gebe, so sorgen Sie vorsichtshalber dafür, daß es dabei nicht zu beduinisch zugeht.

Nudelessen auf beduinisch, das liest sich bei Karl May so: »Der Scheik langte mit den Fingern in die einzelnen Näpfe, Schüsseln und Körbe und steckte erst mir, dann dem Engländer das, was er für das Beste hielt, in den Mund. Ich hätte allerdings lieber meine eigenen Finger gebraucht, aber ich mußte ihn gewähren lassen, da ich ihn sonst unverzeihlich beleidigt hätte. Lindsay aber zog, als er die erste Nudel zwischen die Lippen gestopft erhielt, den Mund in seiner bekannten Weise in ein Viereck und machte ihn nicht eher wieder zu, als bis ich ihn mahnte: ›Eßt, Sir David, wenn Ihr diese Leute nicht tödlich beleidigen wollt!‹« (GW 1)

Also, mein Rat: Beduinenfeste sind eine wunderbare Sache auf der Terrasse oder im Garten. Rezepte finden Sie in diesem Buch reichlich dafür. Möbel braucht man nicht, da sich alles auf dem Boden abspielt. Einige Teppiche können ganz nützlich sein. Gabeln braucht man auch nicht, dafür aber Wasser in Kannen zum Händewaschen. Ihren Gästen nach Beduinenart die besten Bissen eigenhändig in den Mund zu stopfen, darauf sollten Sie jedoch nur bestehen, wenn es auch den so Beehrten Freude macht!

# Kanufa-Nudeln

**Das brauchen Sie:**

250 g Fadennudeln, 125 g Butter, 1/2 l Milch, 1/8 l süße Sahne, 50 g gestiftelte Mandeln, 50 g Rosinen, 50 g ungesalzene Pistazien, 150 g Zucker.

**Das müssen Sie tun:**

Die rohen Nudeln in einer großen Pfanne in der Butter goldbraun anrösten, dabei natürlich umrühren. Dann Milch und Sahne zugießen und etwa 10 Minuten auf kleiner Hitze kochen lassen. Gewaschene Rosinen, Mandeln und Zucker zugeben, umrühren, weitere 5 Minuten köcheln lassen. Dann in eine Schüssel füllen und mit den vorher gestiftelten Pistazien überstreuen. Warm, noch besser lauwarm, servieren.

**Das sollten Sie beachten:**

Kaufen Sie die feinsten erhältlichen Fadennudeln, aber beachten Sie die angegebene Garzeit! Sie kann anders sein als die von mir angegebene. Vertrauen Sie der Paketaufschrift mehr als mir!
Im Orient nimmt man sehr viel mehr Zucker oder auch Honig. Die angegebene Pistazienmenge bezieht sich auf Pistazienkerne. Kaufen Sie ganze Nüsse, müssen Sie davon mehr nehmen. Und: Nur ungesalzene! Die müssen Sie dann noch der Länge nach in Streifchen schneiden.
Als Nachspeise reicht die angegebene Menge gut für 6–8 Personen.

**Dazu gibt es:**

Kaffee, möglichst türkischen oder arabischen.

# Die ›Süße‹ und die Süßspeise

Auf der Reise von Bagdad nach Stambul machte Kara Ben Nemsi Rast in den Bergen Kurdistans. Er fand in Hassan Arschir-Mirsa einen aufmerksamen Gastgeber, der sich streng an den alten orientalischen Gruß hielt: Mein Haus ist Dein Haus. In kurzen Zeitabständen brachte eine Dienerin große Platten mit leckeren Speisen.
Kara Ben Nemsi entschuldigte sich bei ihr, daß er und seine Freunde dem Haushalt soviel Umstände machten. Aber die Dienerin wehrte ab: »O nein, Effendi. Das Haus freut sich, Gäste zu haben. Der Herr hat dem Haus von euch erzählt, und ihr sollt sein, wie der Herr selber. – Aber sag nicht Mütterchen! Ich bin unverheiratet und werde Halwa genannt.«(GW 2)
Das kam für Kara Ben Nemsi sehr überraschend, denn ›Halwa‹ ist die Bezeichnung für eine der ganz besonders beliebten Süßspeisen des Orients. Halwa kann man von Indien bis hin nach Belgrad überall kaufen. Wer den Namen ›Halwa‹ trägt, wird sich natürlich nicht als Mütterchen fühlen, sondern als zarte Blume des Morgenlands.
Nun aber noch einige Worte zu der Süßspeise Halwa. Kauft man sie fertig, so ist sie meist aus Sesam hergestellt. Sie kann mit Pistazien, Nüssen oder auch Schokolade versetzt sein. In Kaufhäusern und Delikatessengeschäften bekommt man jetzt auch in Deutschland Halwa. Wer es kauft, sei vorsichtig: Es fettet überall durch.
Ein bewährtes Rezept für die ›Hausmacherart‹ nenne ich Ihnen nebenan.

# Halwa nach Haremsart

### Das brauchen Sie:

½ Tasse Butter oder Butterfett, 1½ Tassen Grieß, gut 1 Tasse Zucker, 3 Tassen Wasser, ½ Tasse gehackte Walnüsse, ½ TL gemahlenen Zimt.

### Das müssen Sie tun:

Butter in einer großen Pfanne zergehen lassen und dann den Grieß darin unter ständigem Rühren so lange rösten, bis er hellbraun wird. Inzwischen Zucker in Wasser auflösen, aufkochen und über den Grieß gießen. Grobgehackte Walnüsse und Zimt dazu, umrühren und wieder aufkochen lassen, vom Feuer nehmen und zugedeckt etwa 15 Minuten ruhen lassen. Dann mit zwei Eßlöffeln abgeflachte Kugeln abstechen und servieren.
Warm oder kalt essen.

### Das sollten Sie beachten:

Man kann noch, wenn man Zucker und Wasser zusammen aufkocht, den Saft einer Zitrone zufügen. Und auch Rosenwasser. Viele orientalische Köchinnen geben den Zimt nicht in den Grieß, sondern streuen ihn auf die Halwakugeln.

### Dazu gibt es:

Ein Glas kaltes Wasser, vielleicht auch noch einen Türkischen Kaffee.

# Kaffeestunde auf dem Strom

»Eine Segelfahrt auf dem Nil! Welches Erlebnis! Man hat el Kahira, die Pforte des Ostens, hinter sich und strebt dem Süden zu ... Das ist so viel wie eine Fahrt ins Unbekannte, ins Geheimnisvolle ... Ich ziehe das Deck eines Schiffes dem engen Bahnabteil vor. Da sitzt man auf seiner Matte oder auf einem Polster, die Pfeife in der Hand und den duftenden Kaffee vor sich ... Das erregt die Einbildungskraft, die vorauseilt, dem Süden entgegen.« So schwärmte Kara Ben Nemsi von seiner Fahrt nilaufwärts mit dem Schiff des Reïs Effendina, dem ›Falken‹. (GW 16)
Auch an anderer Stelle heißt es: »Noch saßen wir beim Kaffee und dem noch warmen Gebäck, das der Schiffskoch für uns zubereitet hatte.« Man könnte fast den Verdacht hegen, Kara Ben Nemsi hätte sich auf dem Nil ganz gegen seine sonstige Gewohnheit nur dem süßen Nichtstun hingegeben, sei von einer Kaffeestunde in die andere geglitten. Dem war natürlich nicht so, schon beim nächsten Aufenthalt mußte er wieder um sein Leben kämpfen.
Halten wir jedoch die schönen Augenblicke der Nilfahrt fest! Wie wäre es mit einem orientalischen Gebäck, so wie es der Schiffskoch damals zubereitet haben könnte? Das Rezept kommt aus der schönsten Lade in der Schatztruhe arabischer Süßigkeiten, es ist weit über tausend Jahre alt und: es ist verblüffend einfach.

# Ägyptisches Gebäck

**Das brauchen Sie:**

500 g Butter, 250 g Zucker, gut 600 g Mehl, geschälte Mandeln zum Dekorieren.

**Das müssen Sie tun:**

Butter cremig rühren. Das geht am besten in der Rührschüssel der elektrischen Küchenmaschine mit dem Rührbesen. Nach und nach den Zucker zugeben und so lange schlagen, bis eine glatte Creme entstanden ist.
Jetzt Rührbesen gegen Knethaken auswechseln. Maschine wieder anstellen und langsam das Mehl dazu sieben. Obwohl der Teig keine Flüssigkeit enthält, ist er sehr weich. Vielleicht müssen Sie noch ein wenig mehr Mehl zugeben.
Walnußgroße Bällchen aus dem Teig formen, eine Seite abflachen und auf ein Backblech setzen. Oben auf jedes Teigbällchen eine Mandel drücken. Im vorgeheizten Ofen bei etwa 180 Grad ungefähr 20 bis 30 Minuten backen.

**Das sollten Sie beachten:**

Dieses Gebäck darf nicht braun werden, es muß fast weiß bleiben. Jede noch so leichte Bräunung verändert den Geschmack. Am besten schiebt man also das Blech sehr weit unten ein, deckt vielleicht auch noch mit Folie ab.
Man kann aus demselben Teig auch kleine Kringel backen, die man mit gehackten Pistazien bestreut. Beide Formen sind im Orient weit verbreitet. Eine Verfeinerung des Teigs erzielt man, wenn man 100 g Mehl weniger nimmt und dafür die gleiche Gewichtmenge gemahlene Haselnüsse zusetzt.

**Dazu gibt es:**

Türkischen Kaffee – und das Glas Wasser nicht vergessen!

# Limonaden-Romantik

Schlägt man ein deutsches Lexikon auf und schaut unter Scherbet oder Sorbet nach, so erfährt man, das Wort komme aus dem Arabischen und bezeichne einen Trank Granatapfelsaft. Zieht man hingegen eine Menükunde zu Rat, so liest man da, es handle sich um Fruchteis mit Likör oder Sekt aufgegossen. Was stimmt nun?
Richtig ist auf jeden Fall, daß das Wort aus dem Orient kommt. Dort bezeichnet man damit seit uralten Zeiten ein gesüßtes Erfrischungsgetränk, das mit Granatapfelsaft angesetzt sein kann, aber nicht muß. Es gibt unzählige Sorten von Scherbet.
Ich erinnere mich noch gern daran, wie ich in den Straßen und Bazargassen arabischer Städte die Glöckchen von Scherbethändlern hörte, vermischt mit dem Klappern ihrer vielen Messingbecher. In zwei großen Glasflaschen trugen sie ihre bunten Getränke auf dem Rücken.
Mit dem neuen Reichtum kamen Kühlschränke, und die malerischen Scherbethändler wurden rar.
Noch immer aber serviert man diese Erfrischungsgetränke in orientalischen Häusern so, wie es Kara Ben Nemsi im wilden Kurdistan erlebte: »Zunächst wurde uns Scherbet gereicht. Wir tranken ihn aus hübschen Findschani ferfuri (Porzellanschalen), hier in Kurdistan eine große Seltenheit.« (GW 2)
Normalerweise serviert man Scherbet in schmalen, hohen Limonadengläsern. Erfreuen Sie doch einmal kleine oder große Gäste damit!

# Rosen-Scherbet

**Das brauchen Sie:**

500 g Zucker, ½ l Wasser, 2–3 EL Zitronensaft, rote Speisefarbe, 4–6 EL Rosenwasser.

**Das müssen Sie tun:**

Zucker, Wasser und Zitronensaft zusammen aufkochen. Dabei so lange rühren, bis der Zucker völlig aufgelöst ist. Dann die Speisefarbe darin auflösen und schließlich noch das Rosenwasser in dem Sirup verrühren. In Flaschen füllen, verkorken und aufheben.
Bei Bedarf mit klarem, kaltem Wasser verdünnen und mit Eiswürfeln servieren.

**Das sollten Sie beachten:**

Rosenwasser bekommen Sie in jeder Drogerie oder Apotheke. Speisefarbe gibt es in Delikatessengeschäften. Sie kann auch weggelassen werden, das ändert nichts am Geschmack, nur am Aussehen. Sie können sich helfen, indem Sie auf jedem Glas Scherbet ein Rosenblatt schwimmen lassen.
Für die Herren kann man noch etwas Gin, Wodka oder Korn beimengen, hat damit allerdings keinen original arabischen Scherbet mehr.
Sollten Sie in Ihrem Spirituosengeschäft Rosinenlikör finden, so können Sie auch diesen zum Färben und zur alkoholischen Geschmacksabrundung verwenden.
Eine sehr ansprechende Scherbet-Variante bekommen Sie, wenn Sie in jedes Glas eine Kugel Zitroneneis geben. Das könnten Sie dann »à la Scharfenberg« nennen, denn in Arabien habe ich es noch nie bekommen.

**Dazu gibt es:**
Kekse oder anderes trockenes Gebäck.

# Willkommen beim Aga Murad

Bei seiner Reise von Istanbul über Edirne ins Land der Skipetaren bewegte sich Kara Ben Nemsi durch islamisches Gebiet, der Balkan gehörte seinerzeit noch fast gänzlich zum Osmanischen Reich. Daher wurde von einem türkischen Würdenträger wie dem Aga Murad Habulam kein alkoholhaltiger Aperitif zur Begrüßung gereicht, sondern Kaffee, echter Türkischer Kaffee. Im Morgenland ist man gewöhnt, den Reichtum eines Mannes am Kaffeezeremoniell einzuschätzen, zu dem auch Wasserpfeifen gehören.
Die Pfeifen waren prächtig, der Tabak ausgezeichnet und, was den Kaffee betraf, so heißt es: »Die kleinen Findschanlar (henkellose Porzellantäßchen) standen in goldenen Bechern von köstlich durchbrochener Arbeit, und als ich kostete, mußte ich mir gestehen, daß ich nur in Kairo einen besseren Kaffee getrunken hatte. Er wurde nach morgenländischer Art samt dem feingestoßenen Satz genossen. Ein Täßchen enthielt ungefähr den Inhalt von vier Fingerhüten.« (GW 5)
Inzwischen gibt es auch im Land der Skipetaren kleine Tassen mit Henkel, richtiggehende Mokkatäßchen, wie wir sagen. Die Sitte der henkellosen Tassen hat sich nur noch in den arabischen Ländern erhalten.
Auch wir können daheim ohne großen Aufwand echten Türkischen Kaffee zubereiten. Vielleicht bringen Sie sich von einer Reise aus Bulgarien oder Jugoslawien einen kleinen Kaffeetopf mit langem Stielgriff mit. Ein solches Küchengerät heißt ›Dschesve‹. Wenn es sehr klein ist, sagt man auch ›Dschidschive‹ dazu (Betonung auf dem letzten e).
Natürlich geht auch ein anderer Topf, das sieht dann nur nicht so morgenländisch aus.

# Türkischer Kaffee

**Das brauchen Sie:** (für zwei Portionen)

Knapp ⅛ l Wasser, 2 TL Zucker, 2 TL feingemahlenen Kaffee.

**Das müssen Sie tun:**

Wasser kalt in den Dschesve füllen, Zucker und Kaffeepulver darin verrühren. Zum Kochen bringen. Vom Feuer nehmen und den aufgestiegenen Schaum auf die beiden Täßchen verteilen. Den Dschesve wieder aufsetzen, Inhalt aufkochen lassen und erst dann in die beiden Täßchen füllen.

**Das sollten Sie beachten:**

Nie zu viel Kaffee auf einmal bereiten. Zwei Portionen sind üblich. Vier Portionen auf einmal zuzubereiten, ist gerade noch möglich.
Das Kaffeepulver muß sehr fein gemahlen werden. Früher brauchte man dazu eine der langen, zylindrischen türkischen Kaffeemühlen, die zu bedienen eine wahre Sklavenarbeit war. Heute liefert jede elektrische Kaffeemühle bessere Mahlergebnisse.
Bitte immer vorher fragen, wie die Gäste ihren Kaffee wünschen: ohne Zucker, mit wenig oder viel Zucker. Auch im Orient wird man stets gefragt.
Hat man seinen Kaffee getrunken, so kann man das Täßchen umstülpen. Wenn dann zufällig eine alte Zigeunerin vorbeikommt, so sagt sie Ihnen aus der Art, wie der Kaffeesatz an den Innenwänden herunterläuft, die Zukunft voraus.

**Dazu gibt es:**

Unbedingt ein Glas Wasser. Wer es nicht mag, daß noch viel Kaffeepulver in dem aromatischen Aufguß herumschwimmt, der kann einige Tropfen kaltes Wasser in sein Täßchen gießen: Der Kaffee wird klar.

# Schwarze Labsal

Über Kaffee gehen die Meinungen ebenso auseinander wie die Zubereitungsarten. Seine Geschmacksvielfalt reicht bei uns vom sächsischen Blümchen-Kaffee bis zum Espresso. Im Orient, der einst vom Kalifen beherrscht wurde, gibt es neben dem Türkischen Kaffee noch den Trank, den vor allem die Beduinen und die Wüstenaraber bevorzugen. Er ist stärker und aromatischer als der Türkische Kaffee. Auch wird er in sehr viel kleineren Schälchen serviert, die immer henkellos sind und etwa die Größe eines Eierbechers haben. Aber selbst diese Schälchen werden nicht vollgeschenkt, man bedeckt eben den Boden mit etwa einem Eßlöffel voll des starken schwarzen Getränks. Dafür schenkt man dem Gast auch dreimal hintereinander ein. Nach dem dritten Schlückchen ist es höflich, wenn man die Hand – bitte, nur die rechte! – mitsamt dem Schälchen schüttelt. Das macht man aus dem Handgelenk, und es sieht bei Könnern so aus als hätten sie den Tatterich. Daraufhin geht das Schälchen zum nächsten Gast, macht die Runde und kommt schließlich noch zwei- oder sogar auch dreimal zu einem zurück.
Die Beduinen kaufen nur grüne Bohnen, die sie dann stets frisch rösten und im Mörser zerstampfen. Je nach Reichtum mischt man unter das Kaffeepulver Gewürze wie Zimt, Nelken oder Kardamom. Kardamom finde ich sehr schmackhaft. Den anderen beiden Gewürzen im Kaffee verdankte Kara Ben Nemsi die Bekanntschaft mit Sir David Lindsay, als beide in Maskat an der Piratenküste in einem Kaffeehaus saßen und der Engländer voll Abscheu den gewürzten, schwarzen Trank auf den Boden schüttete und lieber Roastbeef haben wollte. Was es natürlich nicht gab. (GW 1)
Bei dem Würzen mit Kardamom, den man eben nicht nur für Lebkuchen verwenden kann, wird Ihnen solches nicht passieren.
Servieren Sie also getrost einmal ganz echten Mokka. Übrigens: Mokka ist eine arabische Hafenstadt, die am Roten Meer im Jemen liegt.

# Echter Mokka

**Das brauchen Sie:**

4 TL gemahlenen Kaffee, 1/3 TL gemahlenen Kardamom, gut 1/4 l Wasser.

**Das müssen Sie tun:**

Kaffee, Kardamom und Wasser miteinander verrühren und in einem kleinen Töpfchen zusammen aufkochen. Vom Feuer nehmen, etwas abkühlen lassen (ca. 1 Minute) und wieder aufkochen.
Sehr heiß in kleinen Täßchen servieren.

**Das sollten Sie beachten:**

Für vier Personen langt tatsächlich ein guter Viertelliter Wasser, wenn man den sehr starken Kaffee nach Art der Beduinen serviert.
Wer will, kann ruhig ein paar Körnchen Salz ins Kaffeewasser geben. Die Beduinen haben das meistens nicht nötig, ihr Wasser ist oft brackig. Die Kardamom-Menge kann man ganz nach persönlichem Geschmack einrichten. Wer bei den Arabern viel Kardamom nimmt, der gilt als wohlhabend, da Kardamom sehr teuer ist.

**Dazu gibt es:**

Bei den Beduinen nichts. Bei Stadtarabern ein Gläschen Wasser und vielleicht süßes Gebäck oder Pralinen und: Weihrauch. Ein Diener geht nach dem Kaffee mit einem Weihrauchschälchen herum und läßt jeden Gast sich etwas von dem köstlichen Duft in die Nase fächeln.

# Erfrischung im Beduinenzelt

Wer die Wüste kennt, kennt auch den Durst. Die Luft ist trocken, nirgends ein wohlgefüllter Kühlschrank, nicht einmal eine freundliche Eckkneipe. Aber überall sengende Sonne über schattenlosem Land. Auch Kara Ben Nemsi lernte auf seinen Reisen durch das Reich des Kalifen all diese Entbehrungen kennen, die endlos weiten Strecken zwischen den Oasen und Beduinenlagern. Und standen irgendwo die schwarzen Zelte der Wüstensöhne, dann gab es dort oft nur schlechtes, brackiges Wasser, das selbst von der herzlichsten Gastfreundschaft nicht versüßt werden konnte. Es sei denn, man vermischte es mit Milch oder mit den Saft frischer Datteln. (GW 10)
Dattelgetränke können wir bei uns in Deutschland nicht zubereiten. Es fehlen die frischen Früchte. Wir kennen nicht einmal recht die Unterschiede zwischen den vielen Dattelsorten, die dem Araber so geläufig sind wie uns Golden Delizius, Boskop, Renetten oder Kläräpfel.
Aber ein Rezept für das erfrischendste Getränk der Araber kann ich Ihnen verraten, das man überall ohne jede Mühe, ganz schnell und mit wenig Kosten auch bei uns zubereiten kann: Airan (Betonung auf der letzten Silbe).

# Airan – der Wüstentrank

**Das brauchen Sie:** (pro Person)

1 Becher Yoghurt, Leitungswasser oder Mineralwasser, Eiswürfel.

**Das müssen Sie tun:**

Yoghurt in einem großen Limonadenglas mit der Gabel kräftig schlagen. Kaltes Wasser zugießen. Nochmals schlagen. Eiswürfel zugeben und servieren. Verwendet man Mineralwasser, so gibt man erst nur die Hälfte davon zu dem Yoghurt, schlägt kräftig mit der Gabel und achtet darauf, daß der entstehende Schaum nicht über den Glasrand quillt.
Dann erst restliches Mineralwasser nachgießen und vorsichtig umrühren.

**Das sollten Sie beachten:**

Das Mischungsverhältnis von Yoghurt und Wasser soll etwa 1:1 betragen. Manche mögen auch etwas mehr Yoghurt als Wasser.
Viele Araber aromatisieren dieses überaus erfrischende Getränk noch dadurch, daß sie einige zerdrückte Pfefferminzblätter darin verrühren. Steckt man ein Zweiglein Minze an den Glasrand, so hat man einen sehr attraktiven Drink für heiße Tage.
Besonders geeignet für Kraftfahrer und kleine Gäste.

**Dazu gibt es:**

Keinen (!) Strohhalm zum Trinken! Man kann salziges oder süßes Gebäck dazu reichen. Meistens jedoch reicht man Airan ganz für sich allein, und nur als Erfrischung.
Als Getränk zum Essen, zu jeder Art von Essen, empfiehlt sich Airan an heißen Tagen für alle, die kein Bier mögen.

# Arabische Eßgewohnheiten

Die Frauen müssen warten – so war es zu Zeiten Kara Ben Nemsis noch überall in Arabien. Heute hat sich auch dort das weibliche Element etwas mehr durchgesetzt, sitzt jedoch immer noch sehr selten mit dem anderen Geschlecht zusammen beim Essen.
Auch fällt immer wieder auf, welche riesigen Mengen gekocht und aufgetragen werden. Zugegeben, manche Araber können ungeheure Portionen vertilgen. Ich habe selbst erlebt, daß pro Person ein ganzes Huhn, ein großer Fisch, etwa 1 Pfund Hammelfleisch, ein Berg Reis, viel Obst und süßes Gebäck zu einer einzigen Mahlzeit verzehrt wurden. Andererseits besteht die Tagesration eines Beduinen normalerweise aus einem Stück dünnen Fladenbrotes, etwa handgroß, und einem halben Dutzend Datteln.
Wenn auch die Ölscheiks riesige, prunkvolle Bankettsäle mit langen Speisetischen haben, so groß und luxuriös wie nur in wenigen europäischen Schlössern, so hockt man sich nach Wüstentradition immer noch zur Mahlzeit auf den Boden, wo unvorstellbare Mengen an Speisen aufgebaut sind. Sind die würdigsten Gäste gesättigt, dann werden ihre Plätze von der zweiten Garnitur eingenommen, vielleicht kommt später sogar noch eine dritte. Der Rest bleibt für die Diener und die Frauen. Allerdings habe ich genügend Vertrauen in die Intelligenz arabischer Evastöchter, um anzunehmen, daß sie sich schon vorher genug gute Bissen auf die Seite geschafft haben.
Es ist ungenau, wenn man sagt, daß ›mit den Händen‹ gegessen wird: Nur die rechte Hand wird benutzt, die linke ist unrein – naja, Sie können sich ja denken, warum.
Unmittelbar neben der auf dem Boden ausgebreiteten Tafel werden vorher und nachher die Hände gewaschen. Ein Araber sagte mir einmal mit listigem Augenzwinkern: »Gutgewaschene Finger sind immer noch besser als dreckige Gabeln.«
Und vergessen Sie nicht, daß selbst die mächtigsten europäischen Kaiser des Mittelalters sich beim Essen nur des Messers bedienten.

# Rezepte
## aus dem fernen Orient

### Zu Gast
### auf Südsee-Inseln und im ›Reich der Mitte‹

Alle Rezepte sind, wenn nicht anders
vermerkt, für 4 Personen bestimmt.

## Im Hotel ›Hongkong‹

Gewiß war Hongkong schon etwa dreißig Jahre lang britische Kronkolonie, als der ›blaurote Methusalem‹ mit seinem Gefolge nebst riesigem Hund und Bierkrug dort aufkreuzte. Trotzdem ist verwunderlich, mit welcher Gelassenheit die Chinesen diesen seltsamen Aufzug hinnahmen. Vielleicht war ihre ostasiatische Höflichkeit der Grund. Oder ihr Sinn für Humor. Es könnte natürlich auch sein, daß sie an noch viel spleenigere Reisende, etwa an Engländer gewöhnt waren, die sie wegen ihrer Eßgewohnheiten ›Beefsteaks‹ nannten.
Jedenfalls gab es damals im Hotel ›Hongkong‹ zunächst einmal eine mächtige Schimpfkanonade zwischen dem trinkfesten Deutschen und einem nicht minder auffallenden holländischen Gast, dem Mijnheer Willem van Aardappelenbosch.
Alles löste sich dann in Wohlgefallen auf, als die Europäer Hochachtung voreinander bekamen. Hochachtung wegen ihrer außergewöhnlichen Leistungen. Der Methusalem entwickelte sie beim Bierkonsum, der Mijnheer beim Vertilgen unglaublicher Mengen von Speisen. (GW 40)
Kleiner, bescheidener Auftakt einer schier endlosen Menüfolge war die Suppe.
Auch wer niemals mit dem eßgewaltigen Holländer mithalten könnte, bei der Suppe brauchte er bestimmt noch nicht die Waffen, will sagen, den Löffel, zu strecken.
Wir sollten ruhig einmal unseren Suppen-Speisezettel um eine der wohlschmeckenden chinesischen Suppen bereichern. Ein entsprechendes Rezept findet sich nebenan.

# Gemüsesuppe chinesisch

### Das brauchen Sie:

6 Tassen Würfelbrühe, 2 EL Soja-Sauce, 3 EL Essig, 1 EL Stärkemehl, 500 g Gemüse (Wirsing, Karotten, Erbsen, Bohnen, Kohlrabi, Spargel, Sellerie und/oder Weißkraut), einige chinesische Pilze, 3 Eier, Salz, Pfeffer.

### Das müssen Sie tun:

Brühe erhitzen und Soja-Sauce und Essig hineinrühren.
Alle Gemüse putzen und in schmale Streifchen schneiden.
Zusammen mit den vorher eine Stunde eingeweichten und ebenfalls zerschnittenen Pilzen in die Brühe geben.
Stärkemehl mit etwas kaltem Wasser anrühren und mit der Suppe verquirlen. Alles zusammen 10 bis 15 Minuten kochen lassen; die Gemüse sollen noch knackig bleiben.
Eier mit Salz und Pfeffer verrühren und mit etwas von der Brühe vermischen. Dann in die Suppe rühren, die jetzt nur noch ziehen, nicht mehr kochen soll.

### Das sollten Sie beachten:

Die angegebenen Gemüse stellen eine Auswahl dar.
Die chinesischen Pilze können auch weggelassen oder durch Pfifferlinge ersetzt werden.
Zum Schluß die Suppe noch einmal abschmecken; sie soll nicht scharf, sondern ganz leicht säuerlich schmecken.

### Dazu gibt es:

Echt chinesisch: Nichts, weder Brot noch Reis.

## Turtle und Mock-Turtle

Natürlich hat diese Überschrift nichts mit turtelnden Tauben zu tun, sie bezieht sich vielmehr auf Schildkröten, deren englischer Name ›Törtel‹ ausgesprochen wird.
Nachdem die ›Wind‹, Kapitän Turnersticks braver Dreimaster, in einem Taifun zu viel Wind abbekommen hatte und mit einem Leck gerade noch die Bonin-Inseln erreichen konnte, begannen die Schildkröten eine gewichtige kulinarische Rolle zu spielen.
Mit Hilfe einiger Südseeinsulaner wurden zwei prächtige Turtles am Strand gefangen, indem man sie einfach auf den Rücken drehte. Der Transport war dann das erste Problem: Jedes der Tiere mochte so um dreihundert Pfund wiegen. (GW 11)
Und das zweite Problem? Die Suppenzubereitung.
Kapitän Turnerstick wollte jetzt unbedingt eine echte Mock-Turtle-Suppe haben. Doch Charley erklärte, das ginge nicht. Er könne nur eine Turtle-Suppe bekommen. Darauf Turnerstick: »Das verstehe der Kuckuck! Erklärt es einmal deutlicher!« – »Mock-Turtle wird im gewöhnlichen Sprachgebrauch falsch angewandt. Turtle-Suppe heißt Schildkröten-Suppe, Mock-Turtle-Suppe aber heißt nachgemachte Schildkrötensuppe.« – »Well, Charley, ich gebe Euch das Zeugnis, daß Ihr ein sehr gelehrter Natur- und Suppenforscher seid.«
So bekam unser Held einen neuen Ehrentitel: Suppenforscher.
Da unsere kleinen Landschildkröten, die man zuweilen in Terrarien findet, nicht zur Suppe taugen, frisches Schildkrötenfleisch anderseits kaum im Handel angeboten wird, sollten wir uns der Hilfe der Konservenindustrie bedienen und fertige Schildkrötensuppe in Dosen kaufen. Die allerdings kann so zurechtgemacht werden, daß sie auch dem Kapitän Turnerstick geschmeckt hätte.
Eine vornehme englische Dame hat diese Suppe einer ähnlichen Nachbehandlung unterzogen und ist dadurch weltbekannt geworden: Lady Curzon.

# Schildkrötensuppe ›Turnerstick‹

**Das brauchen Sie:**

1 Dose Schildkrötensuppe (360–400 g Inhalt), 1 Glas alten Weinbrand, 4 EL süße Sahne, 1/2 TL edelsüßes Paprikapulver, 1 ganz kleine Prise Cayenne-Pfeffer, 1 kleine Prise Salz und Zucker.

**Das müssen Sie tun:**

Doseninhalt nach Vorschrift erhitzen. Weinbrand darin verrühren. Sahne mit Paprika, Cayenne-Pfeffer, Salz und Zucker steif schlagen. Suppe in Täßchen füllen, Sahne als Hauben darauf setzen und unter dem Grill ganz kurz überkrusten.

**Das sollten Sie beachten:**

Die sehr entscheidende Weinbrandzugabe muß natürlich jedermann nach persönlichem Geschmack bemessen.
Weinbrand nicht zu lange erhitzen, er verliert sonst an Aroma.

**Dazu gibt es:**

Für ganz Vornehme: Chesterstangen, also kleines Blätterteiggebäck mit Chesterkäse. Auch einfache Salz-Kräcker sind sehr gut geeignet.

## Imbiß aus der Garküche

Wo wir uns lange Zeit mit Würstchenbuden oder Kartoffelpuffer-Ständen begnügten, boten Völker mit älterer Feinschmeckertradition schon immer eine viel größere Speisenauswahl auf der Straße an. Für alle, die durch diese Bemerkung in ihrem Nationalstolz getroffen sind, sei noch die Anmerkung gemacht, daß bei derartigen Eßgewohnheiten natürlich auch das Klima eine Rolle spielt.
Als Master Charley mit seinen Freunden durch Hongkong schlenderte, fand er jedenfalls in einer der Ladenstraßen auch ein kulinarisches Angebot: »In der Nähe gibt es eine Garküche, deren Speisezettel nach den zur Schau liegenden Früchten, Gemüsen und Fleischsorten sehr reichhaltig sein muß, und neben diesem verführerischen Ort treibt sich eine Menge jener geflügelten Spitzbuben herum, die in der alten Welt allüberall zu finden sind ... der Deutsche kennt sie als Herr Spatz und Frau Spätzin.« (GW 11)
Charley hat sich so über »den Anblick dieser laut zirpenden und schimpfenden Wegelagerersippe gefreut; ihre Schimpfereien waren ja Heimatklänge«, daß er ganz vergaß, noch etwas von den Genüssen der Garküche zu erzählen. Darf ich versuchen, das hier nachzuholen: Sicher gehörten dazu kleine Teigtaschen, die mit Fleisch gefüllt waren und die als kleine Imbisse köstlich schmecken. Ihre Zubereitung ist ganz einfach, und dabei der Phantasie die Zügel schießen zu lassen, ist gern erlaubt.
Zu vielerlei Anlässen kann man auch bei uns diese chinesischen Häppchen servieren: zum Cocktail, zum Wein oder auch, wenn der Herr des Hauses sauer zu werden droht, weil er einen ›Grand mit Vieren‹ verloren hat.

# Mock-Sperlings-Pastetchen

### Das brauchen Sie:

Teig: Knapp 2 Tassen Mehl, 1 Prise Salz, 1 Ei.
Füllung: 250 g Schweineschnitzel, 1 Tasse Sojabohnensprossen, 1 kräftige Prise Salz, 1–2 EL Soja-Sauce, 1 EL Öl.
Zum Backen: 1 EL Mehl, 2 EL Wasser, Ausbackfett.

### Das müssen Sie tun:

Aus den Teigzutaten einen Teig erst rühren, dann kneten und 1 Stunde in den Kühlschrank stellen. Auf bemehlter Unterlage ganz dünn ausrollen und Quadrate von etwa 6 cm Seitenlänge daraus schneiden. Fleisch in ganz kleine, dünne Streifchen schneiden, in 1 EL Öl in der Pfanne kurz anbraten und salzen. Mit den gewaschenen und verlesenen Bohnensprossen sowie der Soja-Sauce vermischen.
Auf jedes der Teigstücke etwas davon geben, diese diagonal zu Dreiecken zusammenfalten, deren Ränder man mit einem Teig aus 1 EL Mehl und 2 EL Wasser fest zusammenklebt. Im Ausbackfett schwimmend zu goldbrauner Farbe kommen lassen.

### Das sollten Sie beachten:

Als Teig kann man auch dünn ausgerollten Tiefkühl-Blätterteig verwenden; das ist zwar nicht ganz chinesisch, spart jedoch Zeit und Arbeit.
Anstatt Bohnensprossen ist auch ein anderes Gemüse möglich. Die kleinen Pastetchen können auch aufgehoben (in Kühlschrank oder Gefriertruhe) werden; man backt sie dann, am besten im Backofen, nur noch kurz wieder auf.

### Dazu gibt es:

Beliebige Salate, wenn die Pastetchen als Vorspeise oder sonst am Tisch serviert werden.

# Mijnheers Empfehlung

Mijnheer Willem van Aardappelenbosch kannte sich nicht nur mit Reis und Tabak ausgezeichnet aus: Beides hatte er lange genug auf Java angebaut. Er war auch sehr schnell in die Geheimnisse der chinesischen Küche eingedrungen, wobei ihm sein schier unersättlicher Appetit zugute kam: Er konnte an einem einzigen Tag so viele Gerichte probieren, wie ein normaler Esser höchstens in einer Woche.
In jenem Hotel in Hongkong, in dem er unsere China-Reisenden zum erstenmal traf, empfahl er »Fleischernes oder einen Eierkuchen; dies ist ohne Zweifel besser als ein nichtsnutziges Feixen«. (GW 40)
Nun, nehmen wir uns diesen Rat zu Herzen! Fleischrezepte sind genügend vorhanden, aber Eierspeisen dürfen auf keinen Fall fehlen, wenn es um kulinarische Streifzüge geht. Die Chinesen kennen wahrscheinlich mehr Zubereitungsarten von Eiern als jede andere Nation. Kein Wunder: Sie haben schon Jahrtausende das Kochen als eine Kunst betrachtet und unendliche Mühe darauf verwandt, immer neue Raffinessen auszuklügeln.
Ich möchte Ihnen einen Eierkuchen empfehlen, bei dem sie alle in Verzückung geraten wären, unsere Freunde Charley, Turnerstick, Methusalem. Und selbst der wackere Bursche ›Gottfried von Bouillon‹.
Dieser Eierkuchen ist eigentlich gar kein Eierkuchen, sondern eher eine Art Eierstich. Allerdings wird er nicht in Würfelchen geschnitten und in der Suppe serviert, nein, er kommt richtig als Kuchen auf den Tisch und wird dann in tortenähnliche Stücke geschnitten. Wenn das keine Überraschung ist!
Diesen Eierkuchen kann man als leichte Sommermahlzeit essen, man kann ihn aber auch als ganz exquisite Vorspeise im Rahmen eines größeren Essens reichen. Ein Gericht, würdig des Namens ›Methusalem‹!

# Eierkuchen ›Methusalem‹

**Das brauchen Sie:**

4 EL Scampi (ohne Schale), 2 EL kleingehackte grüne Paprikaschote, 2 EL kleingehacktes Grün von Frühlingszwiebeln oder ganz dünnem Lauch, 1 EL Öl, 4 Eier, 1 kräftige Prise Salz, 6–8 EL lauwarme Brühe.

**Das müssen Sie tun:**

Scampi auf dem Boden einer runden feuerfesten Form gleichmäßig verteilen. Paprikaschotenwürfelchen und kleingehacktes Zwiebelgrün dazwischen verteilen. Öl darüber träufeln. Jetzt Eier leicht schlagen, salzen und dann die Brühe nach und nach damit verrühren. Zu den anderen Zutaten in die Form gießen. Vorsicht, daß nicht alle Stücke durcheinandergewirbelt werden!
Etwa 45 Minuten im Wasserbad zugedeckt garen und stocken lassen.

**Das sollten Sie beachten:**

Die feuerfeste Form kann aus Porzellan oder Glas sein; man sollte sich jedoch sofort eine zweite Form (oder Topf) suchen, so groß, daß die Eierform hineinpaßt, und die zugedeckt werden kann. Die Eierform im Wasserbad nicht unmittelbar auf den Boden stellen. Notfalls einen Teller darunter schieben. Auch Zubereitung im Backofen (anstatt Wasserbad) ist möglich, wenn sie einen Elektroherd haben. Bedienungsanleitung konsultieren!
Wenn man diesen Eierkuchen in der feuerfesten Form aufträgt, so kann man ihn des schöneren Aussehens wegen mit etwas Schnittlauch bestreuen.

**Dazu gibt es:**

Einen frischen Salat nach Wahl.

# Eierspeise unter Kokospalmen

Jedem schmeckt es so, wie er es gewöhnt ist. Setzen Sie einem Chinesen Reis vor, dazu geben Sie ihm eine Gabel: Er wird dem Essen kaum einen Genuß abgewinnen. Ganz davon abgesehen, daß bei uns der Reis oft so pappig gekocht wird, daß er sowieso kein Genuß ist. Schon gar nicht für einen Chinesen.
Umgekehrt vergeht Europäern leicht die Lust am chinesischen Essen, wenn sie sich mit Eßstäbchen abquälen müssen.
Die Schiffbrüchigen auf den Bonin-Inseln berücksichtigten sogar das. »Die Sorgfalt der Gastgeber ging so weit, daß sie, weil ihr Tischgerät nicht ausreiche, schnell einige Löffel anfertigten. Das waren Muschelhälften, die man an Stielen von Fächerpalmen befestigte. So schön weiß ein Robinsonleben den Erfindungsgeist zu wecken ... Bald gesellte sich zur Lieblichkeit des Ortes und des Klimas bei völlig heiterem Himmel der Vollmondglanz in seiner ganzen stillen Pracht.« (GW 11)
Weiter wird dann noch berichtet, wie man in dieser zauberhaften Beleuchtung den Strand entlang wandern und dabei eierlegende Schildkröten in Menge finden konnte.
Schildkröteneier will ich hier nicht empfehlen, da wir mit unseren Hühnereiern ausreichend und gut bedient sind. Ein Eiergericht von den Bonin-Inseln kann vielleicht aber einen kleinen Hauch dieser fernen Welt in unseren engen und auch im Sommer oft alles andere als strahlend blauen Alltag bringen.

## Omelett Bonin

**Das brauchen Sie:**

10 Eier, Salz, etwas Öl zum Backen;
200 g kaltes gekochtes Hühnerfleisch, 125 g Pökelzunge, 1 Zwiebel, 1 Karotte, 1 Scheibe Sellerieknolle, 2 EL Öl, Salz, Pfeffer, 1 haselnußkerngroßes Stück eingelegten Ingwer, 1 TL Ingwersirup, 2 EL Soja-Sauce.

**Das müssen Sie tun:**

Eier mit Salz und einigen EL kaltem Wasser verrühren und daraus vier kleine Omeletts backen.
Fleisch und Gemüse in streichholzdünne Streifchen schneiden. Öl in einer zweiten Pfanne erhitzen. Alles zusammen hineingeben. Würzen mit Salz, Pfeffer und dem in winzige Streifchen geschnittenen Ingwer. Unter ständigem Rühren 2 Minuten in der Pfanne lassen, dann vom Feuer nehmen und Ingwersirup sowie Soja-Sauce zugeben. Durchrühren.
Diese Füllung auf die Omeletts verteilen und diese zu Halbkreisen zusammenschlagen.

**Das solten Sie beachten:**

Am besten arbeitet man mit zwei Pfannen. Erst die Füllung machen, dann erst die Omeletts backen, sofort füllen und servieren.
Man muß sich nicht unbedingt an die angegebenen Gemüse halten. So kann man entweder eines weglassen oder etwa Sellerie durch Kohlrabi oder Lauch ersetzen.

**Dazu gibt es:**

Am besten ein paar schwärmerische Worte über im Wind sich wiegende Palmen, tiefblaue Lagunen und braune Mädchen mit Blüten im Haar.
Ein trockener Sherry paßt nicht schlecht dazu.

# Die kleinen weißen Körner

Wo immer sich die China-Reisenden zum Mahl niederließen, wurde ihnen Reis vorgesetzt. Was dem Schwaben seine Spätzle, dem Bayern seine Knödel, das sind dem Chinesen seine Reisgerichte.
Ich sage bewußt ›Reisgerichte‹. Zwar wird der Reis sehr oft nur gekocht und dann duftig und locker, jedes einzelne Körnchen für sich, zu den verschiedensten Speisen gereicht. Er kann aber auch mit anderen Zutaten vermischt sein. Dafür gibt es viele hundert Zubereitungsarten, so mit Eiern, Fischen, Krabben, Fleisch, Schinken oder Gemüsen. Oft vermischt man auch mehrere dieser Zutaten mit dem Reis.
Diese Reiszubereitungen schmecken hervorragend, und sie haben gleichzeitig den unschätzbaren Vorteil, daß man die sowieso sehr schnelle chinesische Kocherei noch viel schneller machen kann. Man kocht nämlich auf einmal eine größere Portion Reis, sagen wir 1 Kilo. Das macht nicht mehr Arbeit als ein halbes Pfund. Was man nicht gleich braucht, das stellt man in den Kühlschrank, wo es sich gut 1–2 Wochen lang hält. Bei Bedarf verwendet man diesen Reis dann zu einem der Reismischgerichte. Man kann ihn selbstverständlich auch ›natur‹ belassen und aufwärmen oder kalt für Salate verarbeiten.
Eine der wohl am meisten verbreiteten Reiszubereitungsarten ist gebratener Reis mit Eiern. Käptn Turnerstick, der ja zeitlebens Schwierigkeiten mit den Eßstäbchen hatte, wäre davon entzückt gewesen, weil der Reis in kleinen Klümpchen zusammenhängt und sich daher relativ leicht handhaben läßt.
Außerdem darf man beim chinesischen Essen die Schalen dicht an den Mund nehmen, so daß der Weg zwischen Schalenrand und Unterlippe auf wenige Zentimeter zusammenschrumpft und auch mit Eßstäbchen leicht bewältigt werden kann.

# Gebratener Reis

### Das brauchen Sie:

4 Tassen kalten, gekochten Reis, 3–4 EL Öl, je 1 Prise Salz und weißen Pfeffer, 4 Eier, 2 EL Wasser.

### Das müssen Sie tun:

Kalten Reis mit nassen Händen sorgfältig zerkrümeln.
Öl in der Pfanne sehr heiß werden lassen. Reis hineingeben und unter ständigem Wenden erhitzen. Salz und Pfeffer darüberstreuen. Die mit Wasser verquirlten Eier zugießen und so lange über stark reduzierter Hitze weiterrühren, bis die Eier gestockt sind.
In vier Schälchen servieren.

### Das sollten Sie beachten:

In China kommt der Reis kaum in großen Schüsseln oder auf Platten, wie in den arabischen Ländern, auf den Tisch, sondern immer in Einzelportionen. Bei dem ausgesprochenen Sinn der Chinesen für farbliche Wirkungen ist es nicht verwunderlich, daß man diesen gebratenen Reis fast immer mit grobgehacktem Schnittlauch, mit Petersilie oder auch mit Zwiebelgrün bestreut.

### Dazu gibt es:

Fleisch, Fisch, Gemüse - alles was beliebt. Dabei können die einzelnen Gerichte mit oder ohne Sauce zubereitet sein.
Ich habe es auch schon erlebt, daß man diesen gebratenen Reis am Ende der Mahlzeit ganz für sich allein aß.

## Meeresfrüchte fürs Stäbchen-Abitur

Nach kurzem Gefängnisaufenthalt befanden sich unsere China-Reisenden wieder einmal an Bord einer Dschunke. Mit von der Partie war diesmal noch ein junger Mandarin, der Sohn eines Teehändlers in Deutschland, nach dem der blaurote Methusalem und seine Freunde im großen China gesucht hatten. Und nun ging es den Pe-kiang aufwärts.
Auf Deck wurde der Reisegesellschaft ein festliches Abendessen serviert. Es war ein bißchen so wie auf einer romantischen Rheinreise, natürlich in chinesischen Dimensionen und ohne Riesling und Loreley. Hohe Wellen schlug nur die Gemütsbewegung: »Am Himmel glänzten tausend Sterne, und der Mond stieg über dem Horizont empor. Die Nacht war lau und würzig, und ihre Stille wurde nur noch durch den taktmäßigen Schlag der Ruder und den rauschenden Sog unterbrochen. Das Essen bestand aus lauter ›Meeresfrüchten‹, wie der Italiener sagen würde, alle nach chinesicher Art in verschiedener Weise zubereitet. Es war ein Mahl, eines hohen Mandarins würdig.« (GW 40)
Quallen, Seegurken, Austern, Hummer, Muscheln und Krabben verstehen die Chinesen meisterhaft zuzubereiten. Ein Teil dieses Getiers scheidet für unsere Zwecke aus, weil sich unsere Gaumen kaum damit befreunden würden, anderes wiederum wäre unserem Geldbeutel nicht zuträglich. Bleiben noch Muscheln und Krabben. Wir nehmen also Krabben oder Garnelen oder Scampi.
Die chinesische Zubereitungsweise, bei der die Garzeit ja buchstäblich nach Sekunden gemessen wird, kommt diesen Schalentieren sehr entgegen, da ihr Fleisch bei längerer Erhitzung zäh wird.
Die Chinesen verwenden Garnelen meistens ungeschält, weil so das Aroma besser erhalten bleibt. Aber das Schälen bei Tisch wird dann, gar noch mit Stäbchen und ohne Hilfe der Finger, zum Problem, sozusagen zum Stäbchenessen-Abitur!

# Garnelen ›Mandarin‹

**Das brauchen Sie:**

250 g geschälte Garnelen oder Scampi, je 1 Prise Salz und Pfeffer, 1 EL Stärkemehl, 3 EL Öl, 2 EL Sherry, 250 g Zucchini (Courgettes), 3–4 TL Soja-Sauce, 2–3 Tassen gekochte Fadennudeln, 2 EL Öl.

**Das müssen Sie tun:**

Garnelen würzen und mit dem Stärkemehl vermischen. 2 EL Öl sehr heiß werden lassen und Garnelen etwa 1 Minute darin rühren. Sherry darüber träufeln und 1 weitere Minute rühren. Garnelen herausnehmen.
Zucchini schälen, in dünne Scheiben schneiden und unter Zugabe von Öl in der Pfanne gerade eben weich dünsten. Dabei mit Soja-Sauce beträufeln. Aus der Pfanne nehmen und die kleingeschnittenen Fadennudeln mit 2 weiteren EL Öl darin einige Minuten anbraten. Garnelen und Zucchini dazu, alles miteinander vermischen und servieren.

**Das sollten Sie beachten:**

Garnelen oder Krabben haben einen intensiveren Geschmack als Scampi, die attraktiver aussehen.
Zum Servieren kann man dieses Gericht, das eine Art chinesischer Eintopf ist, mit gehacktem Zwiebelgrün umstreuen.

**Dazu gibt es:**

Höchstens kleine grüne Erbsen, in Butter geschwenkt, die man an Stelle des Zwiebelgrüns um die Garnelen-Nudeln-Mischung legt. So hat man auch gleich eine ansprechende Garnitur.

# Chinesischer Tee

Tee ist in China allgegenwärtig, und das schon mehr als tausend Jahre. Immer wieder taucht er in den Ostasien-Büchern Karl Mays auf und wird auch gebührend gewürdigt. So heißt es einmal: »Tee wurde auf goldenen Präsentiertellern gebracht. Die Zubereitung war genau diejenige des Kaffees bei den Orientalen: der Tee wird in die Tasse getan und mit kochendem Wasser übergossen. Nachdem er einige Augenblicke gezogen hat, ist er von einem Dufte und Wohlgeschmack, den der Europäer an den exportierten Sorten nicht kennt.« (GW 40)
Zwei Anmerkungen dazu: Erstens wird in China der Tee nicht nur in Tassen aufgebrüht, sondern auch in der Kanne. Zweitens gibt es bei den heutigen Transportbedingungen auch in unserem Land Teesorten zu kaufen, die ein volles Aroma entwickeln, wenn man sie richtig zubereitet. Die chinesische Tee-Lehre sagt: Nur gute Qualitäten verwenden. $1/2$ bis 1 TL Tee pro Tasse. Kanne immer vorher anwärmen. Wasser stets frisch kochen und beim ersten Aufwallen über die Blätter gießen. Dann 3 bis 5 Minuten ziehen lassen. Niemals Zucker, Sahne oder Zitrone in den Tee geben.
Außerdem unterscheidet der Chinese verschiedene Tee-Arten: 1) Grüner Tee, nicht fermentiert, zu jeder Gelegenheit zu trinken. 2) Schwarzer Tee, fermentiert, besonders zu ausgebackenen Gerichten. 3) Oblong-Tee, halbfermentiert, zu schweren Speisen, auch zu Krabben. 4) Parfümierter Tee, zum Beispiel mit Jasmin, zu stark gewürzten Speisen, auch für Festessen.
Tee wird in China also auch zum Essen getrunken, und man sucht die Sorten so aus wie bei uns die Weine.
Als chinesische Spezialität gilt bei uns der grüne Tee. Man bekommt ihn in jedem China-Restaurant. Bitte, machen Sie dort weder Kellner noch Wirt einen Vorwurf, wenn der Tee Ihnen ganz blaß und viel zu dünn aussehend vorgesetzt wird. So muß er sein. Das Aroma ist trotzdem voll und köstlich ... wenn er richtig zubereitet wurde.

*Appetitliche ›Polynesische Fischröllchen‹!*

*Das Rezept dafür aus den Weiten des Pazifischen Ozeans schätzt man auch in China. Als Beilagen empfehlen sich grüne Erbsen und: kleine, kroß gebratene Kartoffeln. Diese bei uns alltäglichen Knollen galten in Ostasien zu Karl Mays Zeiten als ganz besondere Delikatesse. Wem das Essen mit Stäbchen (noch) Schwierigkeiten macht, der darf selbstverständlich auch Gabel oder Fischbesteck verwenden, obwohl Stäbchen-Training Spaß macht und schnell Erfolg bringt.*

# Stäbchen-Training

Wer schon einmal versucht hat mit Stäbchen zu speisen, der wird Mitgefühl haben für den Kapitän Turnerstick, der also brummte: »Wer kann denn mit diesen zwei Stricknadeln etwas Gescheites zum Munde bringen! Ich fische in der Brühe herum wie ein Storch, der keine Frösche findet.«
Freund Charley neben ihm handhabte die Stäbchen mit Meisterschaft und er verriet auch, wie er diese Kunstfertigkeit erworben hatte: Er hatte jeden Tag einen Teller Reis im stillen Kajüten-Kämmerlein mit Stäbchen zu bewältigen versucht, und schon nach wenigen Trainingstagen hatte er keine Schwierigkeiten mehr. (GW 11)
Auch der blaurote Methusalem mußte seinen Begleitern eine genaue Anleitung geben, wie man mit Stäbchen ißt. (GW 40)
Am besten verdeutlicht es die Zeichnung:
Die Spitzen von Mittelfinger, Zeigefinger und Daumen halten das obere Stäbchen wie einen Bleistift. Das untere Stäbchen ist fest zwischen die Wurzeln von Zeigefinger und Daumen geklemmt und noch zusätzlich durch den Druck der Innenseite der Fingerkuppe des Ringfingers verkeilt. Nur das obere Stäbchen wird bewegt. Wichtig: Immer ganz locker bleiben!
Nach einer halben Trainingsstunde können Sie dann schon ein einzelnes Reiskorn fassen. Und Sie werden mir beipflichten: Stäbchen-Essen macht Spaß – besonders, wenn man es bei Karl May gelernt hat.

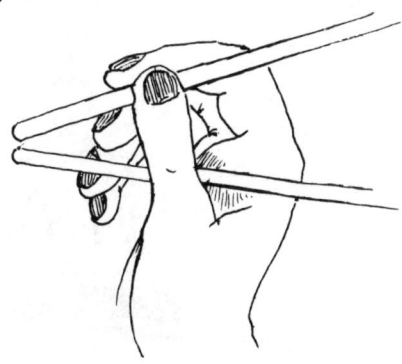

# Die Südsee deckt den Tisch

Wer mitten in einem riesigen Ozean lebt, der hat sich auch daran gewöhnt, aus diesem Meer zu leben. So gab es auf den Tausenden von Inselchen und Inseln, an denen vorbei der Dreimaster mit Kapitän Turnerstick und Master Charley segelte, eine unvorstellbare Vielfalt von Fischgerichten. (GW 11)
Bei uns ist die Verbindung von Fisch und Früchten sehr jungen Datums. Leider wird sie heute oft übertrieben, und es kommen dabei Zusammenstellungen heraus, die einfach schauderhaft schmecken. Sie wurden und werden von den betreffenden Kochkünstlern wahrscheinlich nur gewählt, weil sie so schön bunt ›orientalisch‹ anmuten.
Natürlich ißt das Auge mit, aber diese guten Leutchen vergessen, daß der Gaumen farbenblind ist. Die Polynesier kennen da sehr viel besser ausgewogene Zusammenstellungen.
Um einem Mißverständnis vorzubeugen, das bei dem hier gegebenen Rezept aufkommen könnte, sei ausdrücklich erwähnt, daß man auf jenen Inseln natürlich keine fertig zusammengestellte Currymischung kaufen konnte. Die Hausfrau mischte selbst die Körner und Kräuter.
Ich empfehle Curry nur, weil dadurch das Rezept sehr viel einfacher wird und es einige der dort gebräuchlichen Gewürze bei uns nicht gibt.

# Polynesische Fischröllchen

**Das brauchen Sie:**

9 Seezungenfilets, 2 Zitronen, Salz, 2 Bananen, 2 TL Currypulver, 2 EL Butter, 1/8 l süße Sahne, 2 EL angeröstete Mandelsplitter.

**Das müssen Sie tun:**

Ein Seezungenfilet grob zerschneiden und mit 2 Tassen Salzwasser 15 Minuten kochen, dann durch ein Haarsieb passieren, wobei die Brühe durch das passierte Fischfleisch etwas sämig wird.
8 Seezungenfilets mit Zitronensaft beträufeln. Salzen. Bananen in Stücke schneiden, die ebenso lang sind wie die Fischfilets breit. Mit Currypulver bestreuen, auf die Filets verteilen und diese einrollen. Mit Zahnstochern oder Faden zusammenhalten.
In Butter anbraten, dann mit der sämigen Brühe ablöschen und noch knapp 10 Minuten dünsten. Fischrollen herausnehmen. Alle restliche Zitrone sowie die Sahne zugießen, mit wenig Curry abschmecken, aufkochen und über die Fischröllchen gießen. Mit Mandelsplittern bestreuen.

**Das sollten Sie beachten:**

Die Außenseite der Fischfilets muß beim Aufrollen nach innen kommen. Die Sauce darf durch den Curry nicht scharf werden, sondern nur Aroma bekommen.
Zur Brühe kann man das eine Filet auch in trockenem Weißwein kochen, so wird das Gericht noch schmackhafter.

**Dazu gibt es:**

Grüne Erbsen in Butter geschwenkt, sowie rund ausgestochene Kartöffelchen, die ganz leicht angebraten wurden.

## Seeräuber bitten zu Tisch

Bei dieser Gelegenheit hätte der Methusalem beinahe sein ganzes Selbstgefühl verloren. Ja, es hätte sogar sein und seiner Gefährten Leben kosten können.
Dabei begann alles so harmonisch. »Das Mahl wurde auf dem Mitteldeck eingenommen, an derselben Stelle, an der vorhin eine Geisterbeschwörung stattgefunden hatte. Der Platz war jetzt mit vielen Lampen erleuchtet, die aus gummiertem Reispapier gefertigt waren und einen sehr hübschen Eindruck hervorbrachten. An zwei zusammengeschobenen Tischen standen neue Bambussessel... Und nun wurden die Speisen gebracht.« (GW 40)
Es gab Schwalbennester-Suppe, Eier, einen Braten, bei dem man nicht recht wußte, ob es Hund oder Katze war, und »gesottenen Fisch als letzte Nummer des Speisezettels«. Anschließend sprach man dann nur noch einem dem Arrak ähnlichen Getränk zu. Die chinesischen Gastgeber ermunterten ihre Gäste immer wieder zum Trinken, taten auch selbst stets höflich Bescheid. Da ließen sich natürlich unsere trinkfesten Herren, allen voran der ewige Student und der Kapitän, nicht lumpen. Was als vornehmes Mahl begann, artete zu einer regelrechten Sauferei aus, bei der, man höre und staune, die trinkfesten Europäer von den Chinesen unter den Tisch getrunken wurden. Allerdings stellte sich dann heraus, daß die Gastgeber Piraten waren, die den Gästen Opium in die Gläser gemischt hatten, während sie selbst nur Tee zu sich nahmen. Erst als der Methusalem das erfuhr, fand er sein Selbstgefühl wieder.
Nicht nur, weil in letzter Zeit durch die Tätigkeit von Zollhunden mit Spezialausbildung die Opiumpreise bei uns so schandbar gestiegen sind, will ich dafür kein Rezept geben. Genießen wir statt dessen lieber einen köstlichen, chinesisch zubereiteten Fisch!

# Fisch nach Art der Flußpiraten

**Das brauchen Sie:**

1 kg Schellfisch, am besten ein Schwanzstück, 2 Zitronen, Salz, 3–4 EL Öl, 750 g Lauch, 1 knappe Tasse Soja-Sauce.

**Das müssen Sie tun:**

Fisch gründlich säubern, auf eine Platte legen und mit dem Saft der Zitronen innen und außen beträufeln.
Lauch putzen und in 2 cm lange Stücke schneiden. Diese in einem großen feuerfesten Geschirr in etwa 2 EL Öl gut 5 Minuten andünsten.
Fisch salzen, auf beiden Seiten des Rückens jeweils 4 bis 5 schräge Einschnitte machen und ihn zwischen die angedünsteten Lauchstücke legen. Oben mit etwas Öl bepinseln und im vorgeheizten Backofen bei etwa 200 Grad ca. eine halbe Stunde garen.
Wenn nach wenigen Minuten die Einschnitte auseinanderklaffen, die mit dem restlichen Zitronensaft vermischte Soja-Sauce hineinpinseln. Dies mehrmals wiederholen, dabei Fisch drehen und auf der anderen Seite mit Öl bestreichen.
In dem feuerfesten Geschirr zu Tisch bringen.

**Das sollten Sie beachten:**

Auch den Zitronensaft, der beim Marinieren des Fisches abgelaufen ist, kann man mit unter die Soja-Sauce mischen und zum Bestreichen verwenden. Diese Soja-Sauce soll an den Seiten des Fisches herunterlaufen und bildet dann eine kleine Sauce für den Lauch.

**Dazu gibt es:**

Gebratenen Reis.

# Das Mahl der sechzehn Genüsse

Kapitän Turnerstick und Master Charley wurden verhaftet, grundlos, zu Unrecht. Doch wurden sie dann vollauf entschädigt durch die Einladung des Richters. Glanzpunkt war dabei das Abendessen mit sechzehn Gängen.
»Das war nun allerdings ein Essen, wie wir es nicht erwartet hatten und mit dem unser Wirt, die Wasserschnecken, die er selbst verzehren mußte, ausgenommen, bei meinem Turnerstick alle Ehre einlegte. Der Kapitän war mit unsrem Wirt besonders deshalb zufrieden, weil dieser so rücksichtsvoll gewesen war, uns außer den chinesischen Speisestäbchen Messer, Gabel und Löffel beilegen zu lassen. Bei jedem neuen Gang sagte mir Tscha-juan, was es sei, und fragte mich, wie es uns schmeckte.« (GW 11)
Zu den wohlschmeckenden Speisen gehörten auch solche, die wir in unserem Land kaum nachkochen können. Wo sollte man Hahnenkämme und Haifischflossen hernehmen, um sie zu einem Ragout zu verarbeiten? Auch würde man sich wahrscheinlich sehr schwer tun, Entenzungen in genügender Menge aufzutreiben, damit man sie mit Bambussprossen und Schinken zu einer der sechzehn Köstlichkeiten vermischen kann.
Halten wir uns lieber an die Dinge, deren Zutaten bei uns mit größerer Leichtigkeit zu finden sind. Wie wäre es mit Hammelfleisch in chinesischer Tunke? Ich bin sicher: Wenn dieses Gericht auf den Tisch kommt, wird zunächst einmal niemand erkennen, um was für ein Fleisch es sich handelt. Aber schmecken wird es, das habe ich mehrfach ausprobiert.

# Tscha-juan-Ragout

### Das brauchen Sie:

600 g Hammelfleisch, 1 walnußgroßes Stück Ingwer, 1 EL Sherry, 6 EL Soja-Sauce, 1/2 TL Zucker, 1 Prise Salz, 1 Prise Chinagewürz, 1 TL Ingwersirup, einige Frühlingszwiebeln.

### Das müssen Sie tun:

Fleisch in mundgerechte Würfel schneiden und mit Wasser bedeckt knapp 10 Minuten kochen; dabei abschäumen. Dann kleingeschnittenen Ingwer, Sherry, Soja-Sauce, Zucker, Salz und Chinagewürz zufügen. Umrühren und auf geringer Hitze etwa zwei Stunden schmoren lassen. Eventuell etwas Wasser nachgießen. Ganz zum Schluß mit Ingwersirup abschmecken und dann auch noch die kleingeschnittenen Zwiebelröhrchen zugeben, die nur noch etwa 5 Minuten mitkochen sollen.

### Das sollten Sie beachten:

Das Hammelfleisch darf nicht fett sein.
Chinagewürz bekommt man heute in Delikatessengeschäften und in Kaufhäusern; zur Not kann man es durch Pfeffer ersetzen, dem man ganz wenig Currypulver beimischt.
Muß beim Schmoren Flüssigkeit nachgegossen werden, so kann man anstatt Wasser auch Wein nehmen; ein herber Rotwein macht sich sehr gut.
Die Frühlingszwiebeln kann man durch quergeschnittene Streifen aus Lauchstangen ersetzen; die weißen Teile gibt man dann später zu als die grünen.

### Dazu gibt es:

Fadennudeln, die man nach dem Kochen auch noch etwas anbraten kann.

# Gebirgsjäger im Pazifik

Master Charley lag eine ganze Weile mit dem Schiff des Kapitäns Turnerstick auf den Bonin-Inseln fest. Die Reparatur der Taifunschäden zog sich lange hin, da es ja weder Werft noch Dock dort gab.
Der Passagier beteiligte sich tatkräftig an allen Arbeiten. Er tat sich besonders bei denen unter Wasser hervor, für die getaucht werden mußte. Natürlich befriedigte ihn diese Tätigkeit auf die Dauer nicht.
Also nahm Charley die Gelegenheit wahr, seinen Henry-Stutzen in die Hand und ging mit Frick Turnerstick auf die Jagd. Gejagt wurde auf einer Nachbarinsel, die aus sehr steilen Felsen bestand. Das Indianer-Lasso diente als Kletterseil und half dann auch noch bei der Rettung eines geheimnisvollen chinesischen Schiffbrüchigen. Und die Jagdbeute? Sechs Ziegen. Zubereitet wurden sie natürlich nach Südseeart. (GW 11)
Ziegen, jedenfalls zahme, gibt es auch bei uns. Notfalls tut es auch ein Lamm. Es kann sich also jedermann diesen Genuß fernöstlicher Art auch in den eigenen vier Wänden verschaffen.
Wir lernen dabei eine Zubereitungsart kennen, die bei uns nicht angewandt wird. Zunächst wird das Fleisch geschmort, dann brät man es noch zusätzlich. Der Vorteil davon ist, daß sich beim Schmoren die Gewürze mit dem Fleisch verbinden und es erst dann das Brataroma bekommt.

# Zicklein Insulanerart

**Das brauchen Sie:**

1 kg Ziegenfleisch, ½ Tasse Essig, ½ Tasse Weißwein, ⅔ Tasse Soja-Sauce, 1 zerdrücktes Lorbeerblatt, Salz, schwarzen Pfeffer, 2 Knoblauchzehen, 2 EL Öl.

**Das müssen Sie tun:**

Fleisch mitsamt den Knochen in mundgerechte Stücke teilen. Essig, Wein, Soja-Sauce, Lorbeerblatt, Salz, Pfeffer und die zerdrückten Knoblauchzehen vermischen und in einem Topf mit dickem Boden erhitzen. Fleischstücke darin so lange schmoren, dabei mehrmals wenden, bis die Flüssigkeit fast ganz eingekocht ist.
In einer Pfanne Öl erhitzen und darin die Fleischstücke ringsum recht kroß braten.
Bratsatz mit etwas Wasser loskochen, mit dem Saucenrest vermischen und über das Fleisch gießen.

**Das sollten Sie beachten:**

Wenn in dem Fleisch sehr viele Knochen sind (Rippenstücke, die durchaus zu verwenden sind), dann das angegebene Fleischgewicht erhöhen.
Nach diesem Rezept können auch Fleischstücke behandelt werden, die von älteren Tieren stammen. Dann unter Umständen die Schmorzeit erhöhen und auch noch etwas Wein nachgießen.
Wer auf keinen Fall Knoblauch mag, dem entgeht zwar etwas, er kann jedoch die beiden Knoblauchzehen durch eine kleine Zwiebel ersetzen, die man ebenfalls zerdrückt.

**Dazu gibt es:**

Weißen, trockenen Reis und einen frischen Salat.

# Ein Bummel zum Hafen

Hafenviertel sind überall in der Welt etwas schmutziger und vergammelter als andere Stadtbereiche. Ausnahmen bestätigen nur die Regel. Trotzdem üben gerade die Hafenviertel meist besondere Anziehungskraft aus. Vor allem auf Touristen. Auch den Methusalem nebst Gefolge zog es in Hongkong zunächst einmal zum Hafen.
Von den Verkaufsständen dort verdiente einer besondere Beachtung: »Ein Zwiebelröster hockte auf der Erde vor seinem kleinen Bratöfchen und schälte Zwiebeln. Der Duft drang ihm in Nase und Augen. Er nieste einen wahren Sprühregen in seine duftenden Scheiben hinein und brüllte dabei förmlich – a – a bziehhh, ein Laut, der sich auf der ganzen Erdenrunde gleich bleibt. Was nun diesen Zwiebelröster betrifft, so kam er aus dem Niesen gar nicht heraus, denn so oft ihm die Augen im Wasser schwammen, wischte er sich diese, wohl um seine schmutzigen Hände zu schonen, mit einer aufgeschnittenen Zwiebel aus und putzte auch die Nase damit, worauf dann natürlich ein neuer Nieserich explodierte. Die angewischten Zwiebeln aber wurden geröstet und dann von den Kunden wohlgemut verzehrt. Käufer hatte er genug.« (GW 40)
Leicht verstört eilten die Europäer weiter und kamen schließlich auf die schmuckste Dschunke im ganzen Hafen, auf die ›Schui-heu‹, die ›Königin des Wassers‹. Niemand hinderte sie, an Bord zu gehen. Von Bord zu kommen, das wurde schwieriger. Jetzt aber fanden sie erst einmal einen Tisch mit »gebratenem Fleisch, Kuchen, Wein und duftenden Blumen«. Diesem sehr appetitlichen Fleisch wollen wir uns lieber widmen als dem fragwürdigen Produkt des Zwiebelrösters.
Schweinefleisch in einer aromatischen süß-sauren Sauce ist eine der berühmten Köstlichkeiten Chinas. Dabei ganz leicht und schnell zuzubereiten. Versuchen Sie es nur!

# Schweinefleisch ›Schui-heu‹

**Das brauchen Sie:**

500 g Schweinefleisch zum Kurzbraten, 1 Ei, 1 EL Sherry, einige Spritzer Tabasco-Sauce, je 1 Prise Salz, Pfeffer und Streuwürze, einige EL Mehl, Öl zum Braten, 1 EL Öl extra, 6 EL Essig, 3 EL Ananassaft (aus der Dose), Salz, 2 EL Soja-Sauce, 1–2 grüne Paprikaschoten in Streifchen, 2 Scheiben Ananas in Stücke geschnitten, 1/2 EL Stärkemehl.

**Das müssen Sie tun:**

Fleisch in mundgerechte Würfel schneiden. Ei, Sherry, Tabasco, Salz, Pfeffer und Streuwürze miteinander verrühren. Fleisch darin wenden und 5 Minuten ziehen lassen, dann so viel Mehl darüber streuen, wie die Flüssigkeit aufnehmen kann; Fleisch nochmals wenden und in viel Öl knusprig braten. Herausnehmen und abtropfen lassen.
In einer großen Pfanne den Extralöffel Öl stark erhitzen. Alle folgenden Zutaten außer dem Stärkemehl hineinrühren. Sofort Hitze verringern und noch etwa eine Minute rühren. Mehl in ganz wenig Wasser verquirlen und in die Sauce rühren. Fleisch kurz heiß werden lassen und servieren.

**Das sollten Sie beachten:**

Am besten backt man das Fleisch in so viel Öl aus, daß es darin schwimmen kann. Es wird besonders knusprig, wenn man es zunächst hellbraun brät, herausnimmt, etwas abkühlen läßt und dann nochmals in sehr heißes Öl gibt.
Zur Sauce kann man noch etwas Sherry und ein wenig mehr Ananassirup geben.

**Dazu gibt es:**

Trockenen, weißen Reis.

# Dinner für die Entdecker

Beim Durchsegeln der zauberhaften Inselwelt zwischen Samoa und den Bonin-Islands geriet Charley ins Schwärmen: »Kennt der freundliche Leser aus Reisebeschreibungen oder auch nur aus der Karte diese liebliche Inselgruppe, der aus dem Seeverkehr zwischen Kalifornien und China eine bedeutende Zukunft erblühen wird? Die einsame, verborgen im Weltmeer gelegene Wasserfee wird berührt werden von einer der großen See- und Handelsstraßen und von ihr Bevölkerung, Reichtum und Berühmtheit erlangen.«
Heute, nach mehr als hundert Jahren, kennt der ›freundliche Leser‹ diese Inseln: aus Kriegsberichten und von Atombomben-Versuchen. Nicht die Eröffnung von Handelsrouten zwischen Kalifornien und China, sondern der Weltkrieg zwischen den USA und Japan haben sie berühmt gemacht. Allein auf dem kleinen Atoll Tarawa sind Zehntausende von Männern verblutet. Dabei hatte alles so friedlich begonnen. Charley beschrieb auch das. Die Landung des russischen Weltumseglers Lütke am 1. Mai 1828 auf den Bonin-Inseln. Dort Begrüßung durch zwei einstmals gestrandete Walfangmatrosen. Lütke und seine Matrosen »hatten in menschenfreundlicher Absicht Lebensmittel mitgebracht, um vermeintlich Notleidenden beizustehen, doch sie waren selbst in das Märchenreich des Überflusses geraten, und statt mit mittelmäßiger Schiffskost Hungrigen beizuspringen, wurden sie nun mit dem ausgesuchtesten Abendessen bewirtet. Von den mehr oder weniger zahmen Schweinen, die die ländliche Szene belebten, ward von den freundlichen Wirten sogleich eines der fettesten geschossen«. (GW 11)
Das war für die Fremden ein völlig neuartiger Kotelett-Genuß, der in dem nebenstehenden Rezept beschrieben und zur Nachahmung empfohlen wird.

# Südsee-Koteletts

**Das brauchen Sie:**

4 Schweinekoteletts, 4 EL Weißwein, 3 EL Öl, 4 EL Soja-Sauce, 1 in Scheiben geschnittene Zwiebel, 1 zerdrückte Knoblauchzehe, ½ TL Ingwerpulver, 2 EL Öl, 1 knappe Tasse Würfelbrühe, 1 knappen TL Stärkemehl, Salz.

**Das müssen Sie tun:**

Koteletts mindestens zwei Stunden in einer Beize ziehen lassen, zu der Weißwein, 3 EL Öl, Soja-Sauce, Zwiebel, Knoblauch und Ingwer miteinander vermischt wurden.
Dann 2 EL Öl in einer Pfanne erhitzen und die abgetrockneten Koteletts darin braten. Beim Wenden etwas salzen.
Herausnehmen, warm stellen und den Bratsatz loskochen mit Würfelbrühe, in der etwas Stärkemehl verrührt wurde. Beize ohne Zwiebelscheiben dazu. Aufkochen lassen. Als Sauce zu den Koteletts servieren.

**Das sollten Sie beachten:**

Während des Marinierens muß man die Koteletts mehrmals wenden. Knoblauch kann weggelassen und etwas Tabasco-Sauce zugefügt werden.
Diese Beize kann auch für anderes Fleisch verwendet werden.

**Dazu gibt es:**

Körnigen, weißen Reis sowie Möhrengemüse oder Erbsen und Karotten gemischt, aber beides bitte nicht in einem Mehlpapp angerichtet, sondern nur in wenig Wasser gedünstet und dann vielleicht noch mit einem Stückchen Butter überglänzt.

# Ganz vornehm – für wenig Geld

Herrliche Kombinationen von Geschmack und Preiswürdigkeit gibt es in China. In einigen Fällen können wir aber auch daheim ganz köstliche Gerichte wohlfeil zubereiten, obendrein mit wenig Arbeit.
Karl Mays China gehört längst der Vergangenheit an. Kaiser und Mandarine sind verschwunden, genauso wie die Flußpiraten und die gefährlichen Geheimbünde.
Aber trotz aller Veränderungen beeindruckt es auch China-Reisende von heute immer wieder, wie konservativ in vielerlei Hinsicht die Chinesen sich nach wie vor verhalten. Besonders trifft das für ihre Kochkunst zu. Auch lange Speisekarten und das Bestellen nach Nummer gibt es noch heute in chinesischen Restaurants.
Einen Empfang wie den folgenden wird man aber kaum mehr erleben: »Bereits an der Tür wurden wir von einem chinesischen Kellner empfangen, und im Saal stand ein zweiter, der in ausgesuchter Höflichkeit nach unseren Namen fragte. Als wir ihm geantwortet hatten, rief er die beiden Namen in englischer und chinesischer Aussprache laut über das Zimmer hin. Dann wurden wir an einen leeren Tisch geführt... Jetzt erst trat der Oberkellner zu uns und überreichte den Speisezettel, der aus dem feinsten roten Seidenpapier bestand und so groß war, daß ich mich hätte hineinwickeln können. Die Speisen waren mit Zahlen versehen, und so oft ich ihm eine bezeichnete, rief er die Nummer, so daß man es in der Küche hören mußte.« (GW 11)
Bestellen wir die Nummer 7. Die 7 ist ja eine Glückszahl!

# Beschwipstes Huhn

**Das brauchen Sie:**

1 Brathähnchen, 1 Zwiebel, 2 Nelken, 1 Stück Ingwerwurzel oder Ingwerpulver, 1 EL Salz, 1–2 Gläser trockenen Sherry.

**Das müssen Sie tun:**

Huhn zusammen mit Zwiebel, Nelke, Ingwer und Salz in kochendes Wasser legen, zudecken und 20 bis 30 Minuten köcheln lassen. Herausnehmen, abkühlen lassen und entbeinen. Dann in kleine Stückchen von etwa 4 cm Länge und 1 cm Breite schneiden. Diese in ein Porzellan- oder Glasgefäß legen, mit Sherry begießen, einige Stunden im Kühlschrank stehen lassen und kalt servieren.

**Das sollten Sie beachten:**

Zum Anrichten nimmt man das Hühnerfleisch aus der Sherry-Marinade. Es wird dann auf einer kleinen Platte mit etwas Zwiebelgrün oder auch mit Streifchen von frischen roten und grünen Paprikaschoten garniert.

**Dazu gibt es:**

Da man dieses Gericht entweder als Vorspeise oder als kleines Häppchen serviert: Brot. Auch Salat paßt dazu.

## Essen auf des Kaisers Kosten

Auf der Reise in die Provinz Hu-nan machte der blaurote Methusalem, der eigentlich Degenfeld hieß, mit seiner ganzen Gesellschaft in dem Städtchen Schao-tschëu Station. Wie mag der Bürgermeister zuerst ›versauert‹ gewesen sein, als er diesen Besuch unterbringen und bewirten mußte: Die Fremden reisten mit einer Sonderempfehlung des Kaisers, nichts konnte also zu gut für sie sein.
Als besonderer Ehrengast wurde der riesige Neufundländer behandelt. Er galt als der schweifwedelnde Urahn. Das hatte sich so ergeben und wurde von beiden Seiten weidlich ausgekostet.
»Als sie den Speisesaal betraten, wurden sie von dem Mandarin empfangen, der sich in großer Gala befand. Er wies einem jeden seinen Platz an. Für die sieben Gäste waren acht Stühle vorhanden. Auf dem achten nahm nicht etwa der Hausherr Platz, sondern dieser letztere postierte sich, um die Diener zu überwachen, von denen jeder Gast seinen besonderen bekam. – Als sich alle gesetzt hatten, deutete der Mandarin auf den Hund und sagte: ›Soll der Urahn sich nicht auch setzen? Es ist ja ein Stuhl für ihn vorhanden.‹ – Degenfeld bemühte sich ernst zu bleiben. Er gab dem Neufundländer einen Wink, und dieser sprang sofort auf den leeren Stuhl und beschaute die schriftliche Einladung, die ein Diener vor ihn hinlegte.« (GW 40)
Nun also speisten Herr und Hund. Die Zweibeiner mußten sich immer wieder das Lachen verkneifen ob der drolligen Situation. Vollkommene Würde behielt nur der Bürgermeister-Mandarin. Wahrscheinlich hat er später noch oft im Kreis seiner Freunde um so herzlicher darüber gelacht.
Auf jeden Fall, das Essen war ausgezeichnet. Ein Hühnergericht ist besonders zu erwähnen. Seine Zubereitung ist sehr einfach. Da Hühner zudem verhältnismäßig billig sind, sollten Sie ruhig einmal zur Abwechslung ein chinesisches Rezept ausprobieren.

# Huhn mit Kastanien

**Das brauchen Sie:**

1 Tasse getrocknete Kastanien, 1 Huhn, 3 EL Öl, Ingwerpulver, 2 EL Soja-Sauce, 1 Tasse herben Weißwein, 1 Tasse Wasser, Salz, 1/2 TL Zucker.

**Das müssen Sie tun:**

Kastanien über Nacht in Wasser einweichen, dann abgießen und etwa 1/2 Stunde bei kleiner Hitze kochen.
Huhn in 4 bis 8 Teile zerlegen und in einem Schmortopf in heißem Öl kräftig anbraten. Herausnehmen, etwas abkühlen lassen, entbeinen und mit Ingwer einreiben.
Soja-Sauce, Wein, Wasser, eine Prise Salz und den Zucker zu dem Öl in den Schmortopf geben, unter Rühren aufkochen. Hühnerstücke und die abgetropften Kastanien einlegen. Zugedeckt noch etwa 10 Minuten kochen lassen.
Fleisch und Kastanien auf einer Platte anordnen. Brühe noch etwas einkochen lassen und dann als Sauce reichen.

**Das sollten Sie beachten:**

Bei den obengenannten Kastanien handelt es sich um Maronen, die man im Spätjahr getrocknet kaufen kann. Geschälte Maronen (als Konserven) müssen weder eingeweicht noch vorgekocht werden.

**Dazu gibt es:**

Weißen Reis oder Teigwaren.

# Weidmannsheil auf dem Atoll

Es war zu der Zeit, als man noch mit Segelschiffen die Weltmeere befuhr und von Kontinent zu Kontinent wochenlang unterwegs war. Vom chilenischen Hafen Valparaiso kommend, sollte der Dreimaster ›Poseidon‹ eigentlich nach Hongkong segeln, wurde aber von einem Orkan auf die Korallenfelsen einer Südseeinsel der Pomatu-Gruppe geworfen. Schiffbrüchig: Kapitän Roberts und seine Besatzung nebst dem einzigen Passagier, Master Charley.
Dieser Charley, der die ganze Geschichte erzählt, ist ein wahrer Tausendsassa: Er kennt die Inseln, ihren geologischen Aufbau, ihre Entdeckungsgeschichte und nimmt es bei den navigatorischen Berechnungen mit dem Kapitän noch allemal auf. Obendrein ist er noch ein wahrer Kunstschütze. Wer vermutet da nicht, daß dieser Charley etwas mit Old Shatterhand und Kara Ben Nemsi zu tun hat?
Doch erst einmal setzten sich die Schiffbrüchigen zum Essen zusammen, »um sich an dicken Erbsen und Salzfleisch zu vergnügen«. Nun, mit dem Vergnügen scheint es, laut Charley, nicht allzuweit her gewesen zu sein: »Ich hatte keine Lust zu dieser derben Seemannskost und nahm mein Gewehr, um am Strand hinzuschlendern, an dem ich ganze Scharen Seevögel bemerkt hatte. Die Vögel waren die Feindschaft des Menschen nicht gewohnt, darum hatten meine Schrote mächtig unter ihnen aufgeräumt. Sie wurden gerupft und gebraten und lieferten einen Nachtisch, dessen Schmackhaftigkeit den Kapitän wieder in seine gute Laune versetzte.« (GW 11)
Welche Seevögel da geschossen wurden, ist schwer zu sagen; vielleicht ganz andere, als wir in unseren Breiten kennen. Nehmen wir also lieber gleich eine der uns wohlbekannten Wildenten und bereiten sie nach Südseeart zu! Der von vielen befürchtete Trangeschmack geht dabei garantiert verloren, und ebenso wie die Laune des gestrandeten Kapitäns, wird sich auch die eines deutschen Genießers sofort bessern (falls er überhaupt schlechter Laune war).

# Pomatu-Wildente

**Das brauchen Sie:**

2 möglichst junge Wildenten, Salz, 1 Tasse Sojasauce, 2 Tassen hellen mittelsüßen Sherry, 1 TL Rosenpaprika.

**Das müssen Sie tun:**

Heiß ausgewaschene Wildenten in einen großen Topf mit kochendem und leicht gesalzenem Wasser stecken. Zugedeckt gut 30 Minuten kochen lassen. Ältere Tiere brauchen länger, bis sie weich sind.
Inzwischen Sojasauce und Sherry miteinander vermischen. Gekochte Wildenten auf eine tiefe Platte legen. Noch heiß mit der Soja-Sherry-Mischung übergießen. Dies alle halbe Stunde wiederholen. Dazwischen die Enten zweimal mit Paprika bestreuen. Sie müssen insgesamt mindestens 6 Stunden auf diese Weise mariniert und gewürzt werden.
Kalt servieren. Marinade als Sauce dazu.

**Das sollten Sie beachten:**

Man kann die Wildenten, da wir ja gewöhnt sind, Messer und Gabel zu benutzen, ganz oder halbiert zu Tisch bringen. Möglich ist natürlich auch, daß man sie kleiner tranchiert oder gar das Fleisch in Streifchen schneidet.

**Dazu gibt es:**

Frühlingszwiebeln, ungeschälte Gurken in Streifen, zerschnittene rote und grüne Paprikaschoten, Staudensellerie und Karotten in Streifen. Alle Gemüse roh. Eine Auswahl genügt auch. Man dekoriert die Wildenten mit den bunten Gemüsen und reicht in einem Korb noch etwas Brot dazu.

# Kantonesische Köstlichkeiten

Master Charley und Kapitän Turnerstick machten ihre ersten Erfahrungen mit der chinesischen Küche in der großen Hafenstadt Kanton, auf deren Reede der Dreimaster ›Wind‹ vor Anker gegangen war. (GW 11)
Einen besseren kulinarischen Anfang hätte es gar nicht geben können: Kanton ist, wie alle Experten wissen, die Feinschmecker-Hauptstadt im Reich der Mitte. Ein chinesisches Sprichwort sagt: ›Wer gut essen will, der gehe nach Kanton!‹ Die dortige Küche zeichnet sich durch ihre leichten und dezent gewürzten Gerichte aus. Diese besondere Verfeinerung der Kochkunst trifft zusammen mit einem reichhaltigen Angebot regionaler Lebensmittel. Meer und Land mit ihrem südlichen Klima tragen dazu bei, daß sich ein wahres Füllhorn bester Lebensmittel über Kanton ergießt.
Bei dieser Gelegenheit unbedingt noch einige Sätze über die Chinesischen Restaurants, die in den letzten Jahrzehnten überall in der Welt und auch hierzulande förmlich aus dem Boden geschossen sind. Leider sind sie von sehr unterschiedlicher Qualität. Auch haben sie dazu beigetragen, falsche, vereinfachende Vorstellungen über die chinesische Küche zu verbreiten. Es ist schon völlig abwegig, von ›der‹ chinesischen Küche zu sprechen. Welcher Europäer würde von einer europäischen Küche reden, wenn er die Unterschiede zwischen Sizilien und Stockholm kennt?! Ja, wie anders sind allein die Eßgewohnheiten innerhalb eines einzelnen Landes. Denken wir nur an einen Fischerhaushalt in Eckernförde und an ein Bauernhaus im bayerischen Voralpenland!
Doch zurück nach China! Von diesem Land aus verbreitete sich der kulinarische Ruf der Enten über alle Kontinente. Dabei spricht man fast stets nur von der Peking-Ente. Leider ist ihre Zubereitung nicht nur zeitraubend, sondern auch so diffizil, daß sie nur einem Experten gelingen wird.
Bleiben wir deshalb bei einem anderen Rezept: Gebratene Ente, wie sie unseren beiden Reisenden in Kanton wohl vorgesetzt worden ist.

# Gebratene China-Ente

**Das brauchen Sie:**

1 kg Entenfleisch, 1 EL Stärkemehl, 1 kräftige Prise Salz, 1 kleine Prise Chinagewürz, 2–3 EL Öl, 1 kleine Zwiebel, 1 kirschgroßes Stück Ingwer, 2 EL Soja-Sauce, 3 EL Sherry.

**Das müssen Sie tun:**

Entenfleisch von den Knochen lösen, in dünne Streifchen schneiden. Stärkemehl mit Salz und Chinagewürz vermischen. Die gut abgetrockneten Fleischstreifchen in einer Tüte zusammen mit dem gewürzten Stärkemehl kräftig schütteln. Öl erhitzen und die Fleischstreifchen zusammen mit der in hauchdünne Streifen geschnittenen Zwiebel hineingeben. Eine Minute kräftig anbraten. Ingwerstreifen, die sehr fein geschnitten wurden, zugeben. Unter Rühren weitere 3 Minuten braten. Soja-Sauce und Sherry zugießen, umrühren, nach einer halben Minute die Pfanne vom Feuer nehmen und das Gericht sofort servieren.

**Das sollten Sie beachten:**

Beim Abschneiden wird noch einiges Fleisch an den Knochen hängenbleiben. Dieses kocht man zu einer Suppe aus.
Möglichst frischen Ingwer nehmen.
Nicht zu viel Chinagewürz verwenden, das Gericht darf nur eine dezente ›kantonesische‹ Schärfe haben.

**Dazu gibt es:**

Gebackenen Reis. Wenn Sie sich etwas Besonderes dazu leisten wollen, dann eine Flasche Reiswein.

# Ochsenfleisch und Beilagen

Nachdem der in vielen Semestern ergraute ›blaurote Methusalem‹ beschlossen hatte, nach China zu reisen, schwante seinem ›Wichsier‹ nichts Gutes. Der treue Bursche hielt dem großen Laternendrachen, der in seines Herrn Wohnung hing, eine drohende Ansprache: »Du hast ihm den Jedanken einjeblasen, die traute Heimat zu verlassen, um am Strand des gelben Meeres bei die Antipoden jebratene Regenwürmer, jeschmorte Tausendfüße, jebackenen Seetang, marinierte Salamander und jekochte Rattenschwänze zu verspeisen!« (GW 40)
Daher staunte der Brave, als er zum erstenmal mit Herr und Hund und Freunden im fernen China ein Speiserestaurant betrat, nicht schlecht über das, was ein anderer Gast dort bestellte: »Ochsenfleisch mit Erbsen und Sauerkraut. – Schweinebraten mit Meerrettich und gebackenen Birnen. – Hammelbrust mit Spinat. – Ente mit Spinat und Knoblauch und Seefisch mit gebackenen Pflaumen.«
Ein sehr umfangreicher Holländer bestellte diese seltsamen Genüsse und: Er bekam sie. Ich erachte diese Gerichte allerdings nicht als typisch für chinesische Spezialitäten. Auch nicht für holländische. Das waren eben spleenige Zusammenstellungen eines Europäers, der sich schon viele Jahre im Orient herumgetrieben hatte. Wohl zu viele Jahre, und wahrscheinlich bei zu großer Hitze.
Wenn wir uns verwundert fragten, ob man in China Erbsen und gar Sauerkohl bekommen könne, so lautet die Antwort uneingeschränkt: Ja!
Chinakohl und auch Weißkraut werden nicht nur gegessen, sondern man versteht es dort auch, beide sehr pikant einzulegen.
Dafür ein Beispiel nebenstehend.

# Sauerkraut vom Gelben Meer

**Das brauchen Sie:**

1 kleinen Weißkrautkopf (gut 500 g), 3 EL Essig, 1 EL Zucker, 1 EL Soja-Sauce, 1 kräftige Prise Salz, 2–3 EL Öl, 1 Prise Cayenne-Pfeffer.

**Das müssen Sie tun:**

Weißkraut auf dem Gemüsehobel schneiden.
Essig, Zucker, Soja-Sauce und Salz vermischen.
Kohlstreifchen im Öl unter ständigem Rühren glasig werden lassen (etwa 5 Minuten). Dann aus der Pfanne heben.
Im verbliebenen Öl die Mischung aus Essig, Zucker, Soja-Sauce und Salz verrühren, aufkochen und dann über den Kohl gießen. Alles gut miteinander vermischen, gut zudecken und über Nacht an einem kühlen Ort stehenlassen.
Am nächsten Tag erwärmen oder als Salat servieren.

**Das sollten Sie beachten:**

Anstatt Weißkraut kann man auch Chinakohl auf diese Weise einlegen. Sehr schön sieht es aus, wenn man halb Weißkraut und halb Rotkraut miteinander einlegt.

**Dazu gibt es:**

Alle Arten von Fleisch oder Fisch.

# Chinesische Gastfreundschaft

Man stelle sich das bei uns vor: Zwei Fremde betreten eine Gastwirtschaft. Dort kommt es durch sie zu einer handfesten Schlägerei. Die Polizei wird gerufen. Sie verhaftet die Fremden und die einheimischen Keilerei-Teilnehmer und führt alle sofort dem Richter vor. Lange Verhandlung. Einheimische erhalten harte Strafen. Die Fremdlinge jedoch werden vom Richter als Gäste in sein Haus geladen und dort fürstlich bewirtet! – Unmöglich? Bei uns sicher.
Nicht in Kanton, wo Master Charley und Käptn Turnerstick genau das erlebten.
Und der Abschluß dieses ereignisreichen Tages? »Später erhielten wir die Einladung zum Abendessen und begaben uns nach dem Speisezimmer. Unser Wirt erschien allein; entweder wollte er ungestört genießen, oder er scheute sich, wissen zu lassen, daß er zwei Barbaren mit seiner Gastfreundschaft beehrte. Wir speisten sechzehn Gänge.« (GW 11)
Tatsächlich sechzehn Gänge. Müssen deshalb die Chinesen alle unförmig dick sein wie Buddahfiguren? Mitnichten. Jeder Gang stellt nur ein Häppchen dar. Es gibt auch keinen Hauptgang, dazu bestimmt, den Haupthunger zu stillen. Alle Gerichte, außer Suppen und Süßspeisen, bilden nur Beilagen zum Reis. Es gibt auch keine bestimmte Reihenfolge der Gänge. Sehr häufig werden alle Gerichte zugleich auf den Tisch gestellt, und jeder nimmt sich, was er will und in beliebiger Folge.
Solche Essen sind sehr reizvoll, haben allerdings eine ganz entscheidende Schwierigkeit zur Folge für den, der chinesische Rezepte mitteilt: Bei uns gilt alles normalerweise für vier Personen.
Ich tue einmal so, als wollten sich vier Personen an dem jeweiligen Gericht erfreuen, und gehe auch von der Voraussetzung aus, daß dieses Gericht im Rahmen eines größeren Menüs serviert wird. So hoffe ich, den Anforderungen gerecht zu werden, also daß Ihnen die Mandelmilch mundet. Sie ist eine der berühmtesten chinesischen Süßspeisen.

# Mandelmilch

**Das brauchen Sie:**

1½ EL Reis, 1 Tasse geschälte Mandeln, ¾ Tasse Zucker, 1 Päckchen Vanillezucker, 3–4 Tassen Wasser, 4 EL Sahne, einige Tropfen Mandelessenz.

**Das müssen Sie tun:**

Reis über Nacht in Wasser weichen lassen, dann abgießen.
Reis, Mandeln und 1–2 Tassen Wasser im Mixer sehr gründlich pürieren. Danach mit restlichem Wasser, Zucker, Vanillezucker und Sahne verrühren.
Über schwacher Hitze knapp 10 Minuten unter ständigem Rühren kochen lassen. Abschmecken mit Mandelessenz.
Heiß servieren.

**Das sollten Sie beachten:**

Es gibt sehr komplizierte chinesische Rezepte, nach denen die Mandeln nur ausgekocht werden und die auf den Zusatz von Mandelextrakt verzichten. Ich finde jedoch den Extrakt zum Abschmecken sehr brauchbar.
Wenn man einige Körnchen Salz mit der Mandelmilch aufkocht, dann rundet das wie bei vielen Süßspeisen und Kuchen den Geschmack ab.

**Dazu gibt es:**

Nach chinesischer Tradition nichts. Es sei denn, man reiche Tee, den man immer und überall in China bekommt.
Mandelmilch selbst kann an kalten Tagen zum Aufwärmen getrunken werden. Sie darf aber auch in der Mitte oder am Ende eines Menüs stehen.

# Altchinas feinste Frucht

Das Schiff des Kapitäns Frick Turnerstick war in der Bucht von Hongkong vor Anker gegangen und wurde von zahlreichen Booten umschwärmt, deren Insassen der Besatzung alles mögliche zum Verkauf anbieten wollten. Ein Fruchthändler hatte sich bereits an das hinabgeworfene Tau gelegt. Ihm galt der merkwürdige Zuruf des Kapitäns: »Guteng Taging! Was hasteng dung zung verkaufang?« Der Chinese hatte ihn natürlich nicht verstanden, ahnte aber, was er meinte. »Li-chy, Li-chy!« schrie er zurück. Der Kapitän winkte. »Charley, kommt doch einmal her! Was brüllt denn eigentlich der Kerl herauf? Was ist Li-chy?« – »Er meint die Nüsse, die im Boot liegen. Sie sind sehr gut und schmecken fast wie Melonen.« (GW 11)
Kapitän Turnerstick kaufte schließlich die ›Li-chy‹, jede Handvoll für einen Drittelpfennig.
So billig kann man diese Dinger bei uns natürlich nicht haben. Aber man kann Li-chys kaufen, im Winter frisch und das ganze Jahr über als Konserven in Sirup und bereits entkernt. Die Schreibweise geht allerdings wild durcheinander. Lichee, Litchi oder Li-chy. Immer handelt es sich dabei um die chinesische Haselnuß, die schon in Altchina als die feinste Frucht überhaupt galt. Die Li-chys sind ca. 5 cm lang, weißfleischig und haben eine rote Schale. Wird diese braun, so haben die Nüsse zu lange gelagert. Den Kern ißt man nicht, obwohl man Nuß sagt, sondern nur das weiße Fruchtfleisch, das ein eigenartiges rosenähnliches Aroma hat.
Da die Li-chys auch in China meistens gekocht serviert werden, kann man bei uns durchaus die Konserven kaufen. Sie sind von hervorragender Qualität und kommen erheblich billiger als die selten einmal angebotenen frischen Früchte.

# Quarkcreme mit Li-chys

**Das brauchen Sie:**

500 g Quark, Abrieb einer halben Zitrone, 1 EL Zucker, 4 EL süße Sahne, 4–8 EL Li-chy-Sirup aus der Dose, 6 EL kleingeschnittene Li-chys und 4 ganze Früchte, 4 EL Krokant.

**Das müssen Sie tun:**

Quark mit abgeriebener Zitronenschale, Zucker, Sahne und Sirup vermischen. Kleingeschnittene Li-chys unter diese Creme heben, in Schälchen füllen, auf jedes eine ganze Frucht setzen und mit Krokant bestreuen.

**Das sollten Sie beachten:**

Quark ist unterschiedlich feucht, Li-chy-Konserven sind unterschiedlich süß. Daraus folgt, daß man unter Umständen die Zugaben von Flüssigkeit (Sahne und Sirup) erhöhen muß, um eine zarte Creme zu bekommen; auch kann sich die Zuckermenge eventuell erheblich ändern. Also bitte abschmecken! Man kann zur Abwechslung diese Creme auch noch parfümieren, indem man etwas Cointreau oder Curacao darunter mischt. Dabei sollte man jedoch immer bedenken, daß die Li-chys ein sehr zartes Aroma haben, das man nicht erschlagen sollte durch zu große alkoholische Wucht.

**Dazu gibt es:**

Löffelbisquits oder irgendein Feingebäck. Mandelbögen oder auch Florentiner sind eine attraktive Beilage.

# Zwei Melonen für einen Pfennig

Nachdem Kapitän Turnerstick im Hafen von Hongkong schon eine Menge chinesischer Haselnüsse, Li-chys, zu einem wahren Spottpreis gekauft hatte, wäre eigentlich sein Obstbedarf erst einmal gedeckt gewesen. Doch es kam noch eine ganze Bootsladung Wassermelonen dazu. Wieso? Nun, dem wetterharten Kapitän ging es nicht anders als so mancher deutschen Hausfrau, die durch billige Sonderangebote verlockt wird, große Mengen von Dingen zu kaufen, die sie eigentlich gar nicht braucht. Als Turnerstick den Melonenpreis erfuhr, staunte er: »Zwei solche riesigen Melonen für drei Sapeken, also für einen Pfennig? Der Mensch muß seine Ware gestohlen haben! Ich werde alles behalten.« (GW 11)

Man kann sich leicht vorstellen, wie es schon bald auf dem Schiff ausgesehen haben mag: überall Saftflecken und schwarze Kerne. Die Schalen hatte man einfach über Bord geworfen, damit keiner darauf ausrutschte. Umweltschutz für Hafengewässer gab es damals noch nicht.

Vielleicht hat dann Master Charley, der ja immer einen Ausweg fand, auch etwas gegen die Melonenschwemme entdeckt? Etwa, daß Seeleute immer durstig sind? Und im dortigen Klima erst recht! Warum also nicht ein Erfrischungsgetränk aus Wassermelonen? Das einem obendrein das lästige Herausfischen oder Ausspucken der vielen Kerne erspart!

Vielleicht gibt es auch bei Ihnen, verehrte Leserin, bald einmal ein Wassermelonen-Sonderangebot, das Sie dazu verleiten könnte, einen Si-kua-Sorbet zu machen! (Si-kua, so wurden in Hongkong die Melonen genannt.)

# Si-kua-Sorbet

**Das brauchen Sie:**

1 mittelgroße Wassermelone, 1–3 TL Rosenwasser, 1 kräftige Prise gemahlenen Kardamom sowie Zucker nach Geschmack.

**Das müssen Sie tun:**

Wassermelone halbieren, in Segmente schneiden. Aus diesen das Fruchtfleisch durch einen halbrunden Schnitt an der Innenseite der Schale herauslösen. In Stücke schneiden und durch ein Haarsieb pressen.
Fruchtsaft und Fruchtpüree je nach Geschmack mit etwas Wasser vermischen. Rosenwasser und Kardamom zugeben und mit Zucker nach Belieben verrühren.
Eiskalt servieren.

**Das sollten Sie beachten:**

Zu einem festlichen Sommergetränk, das bestimmt die verwöhntesten Gäste überraschen und begeistern wird, können Sie die passierte Wassermelone auch mit weißem oder, noch besser, rotem Sekt aufgießen. Auch eine der billigen und deshalb süßen Sorten kann dazu verwendet werden.
Seebären und ähnlich harte Männer werden unter Umständen auch einen mehr oder weniger kräftigen Schuß Gin ins Getränk mixen.

**Dazu gibt es:**

Kräcker mit Käsecreme. Auch Walnüsse oder Cashew-Nüsse passen gut.

# Alphabetisches Register

Airan, der Wüstentrank 159
Apatschen-Frühstück 42
Apfelsinen-(Präsidenten)Salat 48
Arabische Eßgewohnheiten 160
Auberginenpüree-Meze 87
Avocado-Creme 77

Bärentatzen 49
Beerenkompott ›Emmys Versuchung‹ 61
Biersuppe ›Henry‹ 15
Bohnen, Mexikanische, ›Nah-oatli‹ 51
Bohnenküchlein ›Falafel‹ 91
Bohnensalat, Pürierter ›Selim‹ 96
Brot, Arabisches, Fladen- 135
Büffet, Kalifen- 88

China-Ente, Gebratene 197
Chinesischer Tee 176
Corn-Muffins 55
Creme, Avocado- 77

Eierkuchen ›Methusalem‹ 169
Eintopf, Argentinischer 80
Eintopf, Lagerfeuer- 50
Empanadas 79
Ente, Gebratene China- 197

Fisch Flußpiratenart 181
Fisch, kalt 130
Fischröllchen, Polynesische 179
Fischsuppe Balkanart 103
Fladenbrot, Arabisches 135
Fleisch, Getrocknetes 59
Fleischbällchen ›Fatma‹ 123
Forelle, Eingepackte ›Dicker Jemmy‹ 39
Forelle, Kurdische 129
Forelle, Yellowstone- 41

Garnelen ›Mandarin‹ 175
Gebäck, Ägyptisches 151
Gebäck, Montesoplätzchen 75
Gemüsesuppe chinesisch 163
Gurkenkaltschale, Pikante 101

Halwa nach Haremsart 149
Hammel ›Hobble-Frank‹ 35
Hammelbraten ›Kapameh‹ 117
Hammelfleisch-Kima, Gekochtes 115
Hammel-Pilaw 119
Hase nach Trapperart 25
Hirschkeule nach Art der Pelzjäger 29
Hühnertopf, Mutter Dodds 23
Huhn, Beschwipstes 191
Huhn, Gefülltes ›Anka‹ 105
Huhn, Halefs Lieblings- 109
Huhn, Kaltes ›Murad‹ 111
Huhn mit Kastanien 193
Huhn, Pilaw mit 107

Indianer-Korn 45
Ingwerbier, Hausgebrautes 71
Julep, Mint- 67

Kaffee, Türkischer 155
Kaktusfeigen ›Kisniribisarzhe-ko‹ 35
Kaninchen, Prärie- 27
Karottensalat Damaszenerart 93
Kebab nach Art der Haddedihn 121
Köfte, Köstliche 122
Korn, Indianer- 45
Koteletts, Südsee- 189
Kürbis-Schnitten 137
Kuskusu, Festlicher 127

Lamm, Gefülltes Mahschi 125
Lende, Westmänner- 31
Li-chys, Quarkcreme mit 203
Linsen Haushofmeisterart 139

Maisbrei nach Häuptlings Art 43
Maispfannkuchen à la Mexicana 52
Maissuppe ›Nscho-tschi‹ 13
Mandelmilch 201
Mandel-Tropfen 145
Mate-Tee 73
Melonen, Eingelegte ›Ibarek‹ 141

Meze: Auberginenpüree 87
Meze: Gefüllte Weinblätter 89
Mint-Julep 67
Mokka, Echter 157
Muffins, Corn- 55

Nachtisch, Sommerlicher 60
Nachtisch, Stacheliger 64
Nudeln, Kanufa- 147

Ochsenfleisch mit Beilagen 198
Omelett, Banditen- 143
Omelett Bonin 171

Passionsfruchtcreme
 ›Mammi Sanna‹ 63
Pastetchen, Mock-Sperlings- 167
Pemmikan 57
Pilaw, Hammel- 119
Pilaw mit Huhn 107
Plätzchen, Monteso- 75
Puchero 81
Puter, siehe Truthahn

Quarkcreme mit Li-chys 203

Ragout, Tscha-juan 183
Reis, Gebratener 173
Reis nach Araberart 133
Reiseproviant, Indianischer 56
Reisgericht im Han 106
Reistopf ›Donna Eulalia‹ 17
Rosen-Scherbet 153
Rote Rüben auf orientalische Art 99
Roulade à la Unica 83
Rumpsteak unter dem Sattel 84

Salat, Karotten- 93
Salat, Präsidentenart 48
Sauce, ›El-Bahgdadi‹ 131

Sauerkraut vom Gelben Meer 199
Senfindianers Abenteuer 46
Sorbet, Si-kua- 205
Spareribs, Master Ohlers 33
Spritzwein von Mossul, Der 97
Suppe, Bier- ›Henry‹ 15
Suppe, Fisch- Balkanart 103
Suppe, Gemüse- chinesisch 163
Suppe, Mais- ›Nscho-tschi‹ 13
Suppe, Schildkröten- 165

Schälrippchen 32
Scherbet, Rosen- 153
Schildkrötensuppe ›Turnerstick‹ 165
Schokolade, Mexikanische 69
Schweinefleisch ›Schui-heu‹ 187

Stäbchen-Training 177
Steak, Gefülltes Wildschwein- 113
Steak, Yuma- 37
Stew, Falken- 95

Tee, Chinesischer 176
Tee, Mate- 73
Tortillas, Felsenburg- 53
Truthahnbraten nach Westernart 21
Truthahn-Ragout, Corners 19
Türkischer Kaffee 155

Weinblätter-Meze, Gefüllte 89
Wildeintopf der Präriejäger 24
Wildente, Pomatu- 195
Wildschweinsteak, Gefülltes 113

Zicklein Insulanerart 185
Zuckerzeug für harte Männer 144

# KARL MAY
## GESAMMELTE WERKE

1 Durch die Wüste
2 Durchs wilde Kurdistan
3 Von Bagdad nach Stambul
4 In den Schluchten des Balkan
5 Durch das Land der Skipetaren
6 Der Schut
7 Winnetou I
8 Winnetou II
9 Winnetou III
10 Sand des Verderbens
11 Am Stillen Ozean
12 Am Rio de la Plata
13 In den Kordilleren
14 Old Surehand I
15 Old Surehand II
16 Menschenjäger
17 Der Mahdi
18 Im Sudan
19 Kapitän Kaiman
20 Die Felsenburg
21 Krüger Bei
22 Satan und Ischariot
23 Auf fremden Pfaden
24 Weihnacht
25 Am Jenseits
26 Der Löwe der Blutrache
27 Bei den Trümmern von Babylon
28 Im Reiche des silbernen Löwen
29 Das versteinerte Gebet
30 Und Friede auf Erden
31 Ardistan
32 Der Mir von Dschinnistan
33 Winnetous Erben
34 „ICH"
35 Unter Geiern
36 Der Schatz im Silbersee
37 Der Ölprinz
38 Halbblut
39 Das Vermächtnis des Inka
40 Der blaurote Methusalem
41 Die Sklavenkarawane
42 Der alte Dessauer
43 Aus dunklem Tann
44 Der Waldschwarze
45 Zepter und Hammer
46 Die Juweleninsel
47 Professor Vitzliputzli
48 Das Zauberwasser
49 Lichte Höhen
50 In Mekka
51 Schloß Rodriganda
52 Die Pyramide des Sonnengottes
53 Benito Juarez
54 Trapper Geierschnabel
55 Der sterbende Kaiser
56 Der Weg nach Waterloo
57 Das Geheimnis des Marabut
58 Der Spion von Ortry
59 Die Herren von Greifenklau
60 Allah il Allah!
61 Der Derwisch
62 Im Tal des Todes
63 Zobeljäger und Kosak
64 Das Buschgespenst
65 Der Fremde aus Indien
66 Der Peitschenmüller
67 Der Silberbauer
68 Der Wurzelsepp
69 Ritter und Rebellen
70 Der Waldläufer
71 Old Firehand
72 Schacht und Hütte
73 Der Habicht
74 Der Verlorene Sohn
75 Sklaven der Schande
76 Der Eremit
77 Die Kinder des Herzogs
78 Das Rätsel von Miramare

– Die Reihe wird fortgesetzt –

KARL-MAY-VERLAG · BAMBERG